本书系教育部人文社会科学研究青年基金项目"集体经济的理论与实践研究"（项目批准号：21Y

U0611983

新时代

发展壮大中国农村集体经济的理论与实践研究

张 凯 ◎ 著

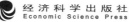

中国财经出版传媒集团

经济科学出版社

Economic Science Press

·北 京·

图书在版编目（CIP）数据

新时代发展壮大中国农村集体经济的理论与实践研究/
张凯著．－－北京：经济科学出版社，2024.1
ISBN 978 - 7 - 5218 - 5515 - 9

Ⅰ.①新…　Ⅱ.①张…　Ⅲ.①农村经济－集体经济－
研究－中国　Ⅳ.①F321.32

中国国家版本馆 CIP 数据核字（2024）第 009187 号

责任编辑：孙丽丽　胡蔚婷
责任校对：刘　娅
责任印制：范　艳

新时代发展壮大中国农村集体经济的理论与实践研究

张　凯　著
经济科学出版社出版、发行　新华书店经销
社址：北京市海淀区阜成路甲 28 号　邮编：100142
总编部电话：010 - 88191217　发行部电话：010 - 88191522
网址：www.esp.com.cn
电子邮箱：esp@esp.com.cn
天猫网店：经济科学出版社旗舰店
网址：http://jjkxcbs.tmall.com
北京季蜂印刷有限公司印装
710×1000　16 开　12.5 印张　190000 字
2024 年 1 月第 1 版　2024 年 1 月第 1 次印刷
ISBN 978 - 7 - 5218 - 5515 - 9　定价：50.00 元
（图书出现印装问题，本社负责调换。电话：010 - 88191545）
（版权所有　侵权必究　打击盗版　举报热线：010 - 88191661
QQ：2242791300　营销中心电话：010 - 88191537
电子邮箱：dbts@esp.com.cn）

前　言

　　农村集体经济是我国社会主义公有制经济的重要组成部分，是中国特色社会主义制度在农村的重要经济基础。提高农村集体经济的整体实力，不仅是巩固我们党在农村基本经济制度的必然选择，而且是建设现代化强国、带领农民走向共同富裕的客观要求。改革开放 40 多年以来，我国农村集体经济总体上发展速度加快，实现形式趋于多元化，农村集体经济制度不断巩固和完善。但是，农村经济改革仍存在一些问题和不足，各地普遍存在的"分"有余而"统"不足，甚至只有"分"而没有"统"，使得本该是以"统分结合、双层经营"为主要内涵的基本经营制度建设，出现了一些偏差与缺陷，导致"三农"工作的深入推进较为被动、动力不足。2018 年 9 月，在中共中央、国务院印发的《乡村振兴战略规划（2018 - 2022 年)》中，把"发展新型农村集体经济"作为建立现代农业经营体系的重要一环，这是党中央基于我国"三农"发展实际作出的重要战略部署，旨在重塑农村集体经济的发展框架，推动我国农村集体经济转型升级，促进乡村振兴和农业农村现代化。

　　农村集体经济的理论发展，经历了马克思、恩格斯的农业合作化思想、列宁的农民合作社思想、斯大林的农业集体化思想以及中国共产党人在继承和发展马克思主义理论的基础上，形成了毛泽东的农村集体经济思想和中国特色农村集体经济理论。这些宝贵的理论成果构成了农村集体经济发展的理论基石，我国农村集体经济发展始终以马克思主义政治经济学及其中国化理论成果为理论基础。

回溯历史，改革开放以来，中国共产党和政府在探索农村集体经济发展的过程中积累了诸多的重要经验：一是坚持遵循生产关系一定要适应生产力状况的规律；二是坚持集体所有制，巩固和增强公有制经济的主体地位；三是坚持多元化的实现形式，适应社会主义市场经济的发展要求；四是坚持顶层设计与基层探索相结合，科学把握集体经济的发展方向；五是坚持农民的主体地位，实现农村集体经济与农民发展相得益彰。新时代背景下，我们必须秉承这些经验原则，不断提升农村集体经济的整体实力和综合效益。

立足新时代，农村集体经济的发展壮大具有新的时代意蕴与价值功能。与此同时，新型工业化的快速发展、乡村振兴战略的全面实施、群众基础的日益深厚以及实践经验的不断积累，使得农村集体经济发展迈入前所未有的历史机遇期，即中国农业改革和发展的"第二个飞跃"具备现实可行性。但是，面对中国农村经济改革与发展的新形势、新要求与新任务，当前农村集体经济发展仍存在一系列问题，如集体经济产权不清、股权模糊；收益分配制度亟须完善；集体经济组织体系尚待健全；集体经济产业结构不合理，其原因在于：对农村集体经济的理论偏见和认识误区；资源缺乏统筹；政府扶持力度不够。这些理论与实践上的难题制约着我国农村集体经济的进一步繁荣壮大。

因此，我们必须以解决现实性问题为突破口，力图从理论认识、制度创新、机制构建等维度不断探寻具有指导性和实践性的路径选择：一是积极转变观念认识，奠定集体经济发展的思想基础；二是建立健全制度体系，夯实集体经济发展的制度基础；三是完善组织管理架构，筑牢集体经济发展的组织保障；四是整合各类优势要素资源，激活集体经济发展的内生动力；五是优化外部环境，增强集体经济发展的助推力量。通过内生动力与外部推力的有效结合，促使我国农村集体经济踏上一条创新发展、理性发展、跨越发展之路。

结合实践，新时代背景下国内一些农村地区因时而进、因地制宜，通过探索和创新积极有效的村级集体经济发展模式，获得了较高的综合效益，同时积累了重要的有益经验，主要包括：贯彻新发展理念，创新发展新模式；坚持党建引领，领航发展方向；坚持因地制宜，创新发展路径；坚持产业融合，筑牢发展根基；坚持内外联动，激活发展效能。这些为中国农村集体经济实现长远稳健发展提供了参考借鉴和对策建议。

目　录

第一章
绪　　论

第一节　研究背景和意义

一、研究背景

农村集体经济是我国社会主义公有制经济的重要组成部分，是中国特色社会主义制度在农村的重要经济基础。农村集体经济实力的强弱，不仅关系到广大农民的切身利益，也关系到农村改革、发展和稳定的大局。发展壮大农村集体经济体现了共同富裕的社会主义根本原则，是全面建成现代化强国的有力保障，是实施乡村振兴战略的重要抓手，也是实现农业农村现代化的必由之路。

改革开放以来，农村集体经济在引导中国农民沿着中国特色社会主义道路，实现农业、农村、农民的现代化和共同富裕中发挥了积极作用。但是，农村改革存在一些不足，其中之一就是农村集体经济没有得到应有的重视。因此，在乡村振兴战略下剖析中国农村集体经济发展的现实境况，回顾和梳理农村集体经济发展的历史脉络，总结国内典型范例的实践经验，进而积极探索我国新型农村集体经济发展的现实路径，既是实践之需，也是本书研究之意。

本书的提出基于以下背景：

1. 在我国农村双层经营体制中，统一经营层次的缺失，使得家庭分散经营面临着来自市场经济的巨大挑战

家庭联产承包责任制的推行，打破了传统的农业生产经营方式，实现了土地所有权与使用权的分离。农民在自己承包经营的土地上拥有了自主决定权从而使农户与生产资料直接结合，解决了过去传统集体经济时期的有效激励不足和严重"搭便车"问题，由于内在利益的推动，农民的生产积极性空前高涨，在改变农业生产经营方式释放农村生产力的同时，也使农民生活实现了温饱，这是中国农村改革和发展的"第一个飞跃"。

为了克服分散经营的不足，针对一些不适合家庭承包经营的生产项目、经济活动，以及其农业社会化服务等，我国实行了"统分"结合的双层经营体制，即利用集体经济的"统一经营层"来弥补家庭分散经营的缺陷。但在后续农村的实际生产中，许多地方只重视"分"，在将生产经营主动权交还给农民的同时也将集体经济的"统"所舍弃，从而出现了"统"的有名无实。随着我国市场经济改革的深化及其农产品市场化推进，势单力薄的小农民在大市场中很快沦为弱势群体。实践上强"分"弱"统"导致农民在市场交易中交易成本增加，越发不适应农村市场经济和农业现代化发展的要求，在逐渐增加的封闭性和狭隘性中，加剧了小农户和大市场的矛盾。因此，为了解决这一矛盾，就需要壮大农村集体经济实力，使其充分发挥"统"的功能，从而使"统"与"分"实现真正平衡，在农村集体经济与家庭承包经营的有机融合下实现农村改革的"第二个飞跃"。

2. 发展农村集体经济是我们党的一贯思想

中国共产党一直没有停止对农村集体经济发展问题的理论思考与实践探索。早在 1943 年，毛泽东就曾说过"几千年来都是个体经济，一家一户就是一个生产单位，这种分散的个体生产，就是封建统治的经济基础，而使农民自己陷于永远的穷苦。……克服这种状况的唯一办法，就是逐渐地集体化"①。改革开放初期，1982～1986 年中国共产党第二代领导集体连

---

① 史敬棠. 中国农业合作化运动史料（下）［M］. 北京：生活·读书·新知三联书店，1959：372.

续 5 年制定和出台了关于农村工作的"一号文件",聚焦于农村经济体制的改革,强调必须坚持贯彻执行农村改革的方针政策,凸显了"三农"问题的重要地位和突出作用。邓小平提出了农村改革和发展"两个飞跃"的思想,"第二个飞跃",就是适应科学种田与生产社会化的发展需要,适时发展适度规模经营,发展集体经营。1997 年,江泽民在党的十五大报告中指出"要支持、鼓励和帮助城乡多种形式集体经济的发展"①。2004~2023年,中央一号文件持续聚焦于如何更好地解决"三农"问题,其中多次提及促进农村集体经济发展的针对性指导意见。党的十七大明确提出要在新的历史条件下"探索集体经济有效实现形式"②。2012 年,党的十八大再次将"壮大集体经济实力,发展农民专业合作和股份合作,培育新型经营主体,发展多种形式规模经营,构建集约化、专业化、组织化、社会化相结合的新型农业经营体系"③。

党的十八大以来,以习近平同志为核心的党中央始终高度关注"三农"问题。早在 1992 年出版的《摆脱贫困》一书中,习近平就明确指出,发展集体经济是实现共同富裕的重要保证,是振兴贫困地区农业发展的必由之路,是促进农村商品经济发展的推动力。2015 年,为发展壮大村级集体经济,财政部印发《扶持村级集体经济发展试点的指导意见》,明确提出自 2016 年起中央财政通过以奖代补的形式,支持部分省份开展扶持村级集体经济发展试点工作,增强村集体自我发展、自我服务、自我管理能力和水平,有效促进了当地村级集体经济发展。2017 年,党的十九大明确提出了实施乡村振兴战略,要求"坚持农业农村优先发展,按照产业兴旺、生态宜居、乡风文明、治理有效、生活富裕的总要求,建立健全城乡融合发展体制机制和政策体系,加快推进农业农村现代化"④;要深化农村集体产权制度改革,保障农民财产权益,壮大集体经济。

---

① 中共中央文献研究室编. 十五大以来重要文献选编(上)[M]. 北京:中央文献出版社,2000:18.

② 中共中央文献研究室编. 十七大以来重要文献选编(上)[M]. 北京:中央文献出版社,2009:18.

③ 中共中央文献研究室编. 十八大以来重要文献选编(上)[M]. 北京:中央文献出版社,2014:18.

④ 习近平. 党的十九大报告辅导读本[M]. 北京:人民出版社,2017:31.

2018 年中央一号文件《中共中央　国务院关于实施乡村振兴战略的意见》对乡村振兴战略进行了具体部署，指出"深入推进农村集体产权制度改革。全面开展农村集体资产清产核资、集体成员身份确认，加快推进集体经营性资产股份合作制改革""探索农村集体经济新的实现形式和运行机制。"① 同年 11 月，在前期试点的基础上，中央组织部、财政部、农业农村部联合印发了《关于坚持和加强农村基层党组织领导扶持壮大村级集体经济的通知》，计划到 2022 年，中央财政在全国范围内扶持 10 万个左右行政村发展壮大集体经济，扶持村数量向贫困地区、边疆地区、革命老区以及民族地区适当倾斜，并要求各地精心制定方案、分类推进实施。2019 年出台的中央一号文件继续部署对农村集体产权制度改革，基本沿袭 2018 年乡村振兴战略的指导精神，要求"按期完成全国农村集体经济清产核资，加快建设农村集体资产的监督管理平台，建立健全集体资产各项管理制度"②，继续推进"三变"制度改革，扩大试点范围，并强调"完善农村集体产权权能，积极探索集体资产股权质押贷款办法"和"研究制定农村集体经济组织法"。③ 根据中央要求，同年 6 月，我国农业农村部及时出台了《关于进一步做好贫困地区集体经济薄弱村发展提升工作的通知》，就逐步消除集体经济薄弱村提出了一系列具体措施，大力推动贫困地区集体经济薄弱村的发展提升。2023 年中央一号文件《中共中央　国务院关于做好 2023 年全面推进乡村振兴重点工作的意见》还强调探索资源发包、物业出租、居间服务、资产参股等多样化途径发展新型农村集体经济。

3. 乡村振兴战略的实施对农村集体经济发展壮大提出了新要求

发达国家的发展历程表明，发展新型农村是传统社会向现代社会转型过程中不可或缺的环节。迈入新时代，面对社会主要矛盾的变化，党中央适时提出了乡村振兴战略及其具体目标。以"民有、民管、民享"为本质特征的农村集体经济无疑是乡村振兴战略的重要载体。从我国村域经济发

---

① 中共中央　国务院关于实施乡村振兴战略的意见 [J]. 理论参考，2018（4）：4 - 15.
②③ 中共中央　国务院关于坚持农业农村优先发展做好"三农"工作的若干意见 [J]. 农村经营管理，2019（2）：6 - 12.

展来看，经济快速发展的农村，绝大多数是以农村集体经济为依托的；而在农村地区，发展农村集体经济正好可以激活村级集体资源和农村生产要素，实现产业转型升级，从根本上扭转农村经济社会长期贫穷落后的局面，才能从根本上防止返贫。通过壮大农村集体经济，可以将广大的分散农户聚合起来，使其成为一个有机整体，既可以在市场交易中切实保护农民利益，同时也能够有效降低交易成本；通过农村经济组织这一载体，有利于更好地发挥集体力量大的优势，推动产前、产中、前后的社会化服务促使农业产业化经营的实现；更为深刻地影响和改变农民的精神面貌，为乡风文明建设提供良好基础；同时为农村各项基础设施建设提供资金支持，加快美丽乡村建设。

党的十九大报告提出实施乡村振兴战略，并强调要"深化农村集体产权制度改革，保障农民财产权益，壮大集体经济"①。中共中央、国务院印发的《乡村振兴战略规划（2018－2022年）》中，把"发展新型农村集体经济"作为建立现代农业经营体系的重要一环②，并明确指出要"深入推进农村集体产权制度改革，推动资源变资产、资金变股金、农民变股东，发展多种形式的股份合作；完善农民对集体资产股份的占有、收益、有偿退出及抵押、担保、继承等权能和管理办法；研究制定农村集体经济组织法，充实农村集体产权权能；鼓励经济实力强的农村集体组织辐射带动周边村庄共同发展；发挥村党组织对集体经济组织的领导核心作用"③。2023年中央一号文件指出"构建产权关系明晰、治理架构科学、经营方式稳健、收益分配合理的运行机制，探索资源发包、物业出租、居间服务、资产参股等多样化途径发展新型农村集体经济"。

重视和强调"新型集体经济"，是党中央基于我国"三农"发展变化实际，着眼乡村振兴、推进农业农村现代化而作出的战略部署，这为补齐我国农村经济"短板"、发展壮大集体经济整体实力带来了新的机遇。

① 习近平.党的十九大报告辅导读本［M］.北京：人民出版社，2017：31.
②③ 中共中央　国务院印发《乡村振兴战略规划（2018—2022年）》［N］.人民日报，2018－09－27（001）.

二、研究意义

1. 理论意义

发展和壮大农村集体经济作为我国乡村振兴战略的重要环节，是对邓小平"两个飞跃"理论的创新和发展，是社会主义的本质使然，是坚持社会主义方向的内在要求。本书力图以马克思主义政治经济学为基础，以乡村振兴为导向，对农村集体经济发展进行研究。从现有成果看，学术界在这一领域的研究仍有待深入。因此，本书对农村集体经济发展的研究将有助于发展和完善我国集体经济理论，为新时代背景下农村集体经济发展提供一定的理论依据。

2. 现实意义

发展壮大集体经济是党对我国农村经济进入新发展阶段的准确把握和理性选择。当前，乡村振兴战略的实施正在全国范围内如火如荼地展开，要发展农业农村现代化，确保实现以中国式现代化全面推进强国复兴的宏伟目标，必须发展壮大农村集体经济，这是新时代背景下解决"三农"问题的有效途径。具体而言：其一，进一步解放和发展生产力的客观要求，农业生产的规模化、产业化、集约化和现代化，在我国必须通过集体形式才能得以最终实现；其二，农村集体经济制度是社会主义公有制在农村的重要体现，是坚持和完善统分结合的双层经营体制的制度基础；其三，有利于维护基层政权稳定和树立农村基层组织的良好形象；其四，农村集体经济是实现农民共同富裕的重要载体，在实现农村、农民迈向现代化的巨大跨越中，发挥中流砥柱的作用；其五，集体经济实力的发展壮大，为农村基础设施、公共服务体系的建设和维护提供充足的资金。因此，农村集体经济的发展，不仅关系到农民的切身利益，关系到农村改革和发展的大局，而且关系到中国广大农民坚持走社会主义道路这一根本问题。

第二节　国内外研究综述

一、国内研究综述

目前，关于农村集体经济的研究成果主要涉及农村集体经济的实现形式、发展历程、现状、路径探索以及与产权改革、成员资格认定、与村委会关系有关方面的内容，基本上都是我国理论界关注的热点、重点问题。理论界基于马克思主义理论、经济学、管理学、法学等不同学科、不同视域对农村集体经济的相关问题进行了多学科、多角度的分析，同时我国农村集体经济的丰富实践也为深入研究这一问题提供了实践支撑。为了便于分析总结，本书现将部分学术成果梳理、总结如下：

1. 农村集体经济相关概念的研究

第一，农村集体经济的内涵。目前，关于传统农村集体经济的内涵，学术界已达成基本共识。具有代表性的观点是：改革开放以前的农村集体经济即为传统农村集体经济。主要是指在一定社区活动范围内的集体成员，以生产资料公有为前提，在集体组织的统一管理下，展开投入产出的经济活动，最终利益在向国家缴纳一定税收和完成征购任务后，由集体提留并以按劳分配为原则向组织内成员分配。

关于新型农村集体经济的内涵，即改革开放以来的农村集体经济，理论界既有共识也有分歧。如李天姿、王宏波认为，"劳动者的劳动联合和劳动者的资本联合"就是农村新型集体经济，从实践上看，主要有土地股份合作社和股份合作公司两种基本模式。[①]

朱有志等认为，新型农村集体经济是指以家庭联产承包经营为基础，

---

① 李天姿，王宏波. 农村新型集体经济：现实旨趣、核心特征与实践模式 [J]. 马克思主义与现实，2019（2）：166－171.

在统分结合的双层经营体制下，作为市场经济主体的农民在自愿、互利、民主、平等的原则下组织起来，在生产与交换过程中实行多元化的合作经营，分配制度上实行按劳分配和按生产要素分配相结合的所有制经济。①

江宇认为，新型农村集体经济是在党的领导下建立的，由一定范围的劳动者共同占有生产资料并联合开展生产经营和分配、在农村经济中起主体和主导作用的公有制经济，是我国公有制为主体的基本经济制度在农村的主要实现形式。新型农村集体经济不同于改革开放前的集体经济以及当前农民自发组织的专业合作经济，也不同于股份制或合作制经济。② 徐勇认为集体经济并不直接等同于集体共有经济，它还包括在集体所有权基础上的集体成员的个体经济。③

苑鹏等认为，新型农村集体经济是指按照现代产权制度要求，通过劳动联合或资本联合而实现共同发展的经济组织。④ 李祥祥认为，新型农村集体经济是指农村集体成员集体所有的财产，包括集体资产和经营性收益，由集体组织所有和支配，实行多种形式经营，生产成果归集体所有并以为集体提供公共服务或者公平分配等方式实现集体成员利益的公有制经济。⑤

以上学者从不同角度界定了新型农村集体经济。他们都认为，新型农村集体经济的建立是以农村土地集体所有制和农村基本经营制度为前提的，其核心是明确的所有权和农民自愿，而实现这一目标的方法有很多。集体经济组织和集体经济组织成员具有相同的利益。

在集体经济内涵的外延方面，目前学界仍存在分歧。如韩松认为，不应当将承包制下的家庭经济，以土地所有权属于集体而定义为集体经济。

① 朱有志，肖卫. 发展农村集体经济要深化"五个认识" [J]. 毛泽东邓小平理论研究，2013 (2)：33 - 37，91.

② 江宇. 党组织领办合作社是发展新型农村集体经济的有效路径——"烟台实践"的启示 [J]. 马克思主义与现实，2022，176 (1)：126 - 132.

③ 徐勇. 厘清对集体经济的几种认识 [J]. 农村经营管理，2016 (1)：38.

④ 苑鹏，刘同山. 发展农村新型集体经济的路径和政策建议——基于我国部分村庄的调查 [J]. 毛泽东邓小平理论研究，2016 (10)：23 - 28，91.

⑤ 李祥祥. 新型农村集体经济的优越性及理性认知 [J]. 山西农业大学学报（社会科学版），2015，14 (2)：148 - 152，216.

徐勇却认为集体所有制下的个体经济也属于广义上的集体经济。

第二，农村集体经济与合作经济。在农村集体经济研究中，理论界面临的第一个问题是阐释集体经济与合作经济之间的关系，因为对这种关系的不同理解会导致农村集体经济概念的认知不同。关于集体经济和合作经济的关系，从理论界的讨论集中在早期，可以归纳为三类。一是"全同论"，即认为集体经济与合作经济是统一事物。朱仁祥认为，合作经济与集体经济有着相同的内涵，其成员都是劳动者；它们之间的互利合作是自愿的；它们都与自己的劳动、生产资料等进行合作，并在必要和可能的情况下展开不同程度的合作；它们之间是平等和民主的。① 韩俊则反对这种观点，他认为，虽然在我们党和国家过去的政策，合作经济与集体经济总是属于一个概念，这两个总是互相替换使用，但合作经济与集体经济内部构造有着本质区别，合作经济承认私人产权，传统集体经济则是财产合并，它否定了私有产权。② 周建明则从双方的经济组织主体来分析，认为村级集体经济组织不是单纯的经济组织，而是具有政治和社会责任的组织；农民合作经济组织是纯经济组织，不承担任何政治和社会责任。③ 二是"包含论"。有学者认为，合作经济包括集体经济，两者都是通过相互帮助与合作来实现成员经济和社会进步的目标。也有学者认为，集体经济包括合作经济，集体经济主要是通过合作经济表现出来的。④ 三是"部分重合论"。程恩富等人认为，集体经济与合作经济既有区别又有相似之处。集体经济是从所有制的角度来看的一种经济组织形式。从经济运行体制的角度看，合作经济也是一种经济组织形式。⑤

基于对集体经济与合作经济关系的不同理解，对集体经济内涵的界定

---

① 朱仁祥. 科学地认识合作经济与集体经济的关系 ［J］. 中国农村经济, 1989 （12）: 35 – 42.

② 韩俊. 关于农村集体经济与合作经济的若干理论与政策问题 ［J］. 中国农村经济, 1998 （12）: 11 – 19.

③ 周建明. 应如何看待村级集体经济——基于国家治理体系和治理能力的视角 ［J］. 毛泽东邓小平理论研究, 2015 （5）: 10 – 15, 91.

④ 徐更生. 合作经济与集体经济的比较研究 ［J］. 世界经济, 1990 （12）: 23 – 28; 李世荣. 把合作经济作为集体经济的重要实现形式 ［J］. 中国集体经济, 2004 （8）: 15 – 18.

⑤ 程恩富, 龚云. 大力发展多样化模式的集体经济和合作经济 ［J］. 中国集体经济, 2012 （31）: 3 – 9.

也存在着差异。例如，有学者从"包含论"角度认为农村集体经济是区域（行政区域）农村劳动者共同拥有生产资料的公有制经济形式。它可以分为两种类型，即"全指"和"特指"。前者是包括农村社区合作经济、农业专业合作经济等各类形式的合作经济；后者仅包括农村社区合作经济。有观点从"全同论"出发，认为农村集体经济是合作经济的产物，它是在经济合作创新和变革的基础上，形成的共同经营、共同占有劳动成果的一种组织形式。也有论者从"部分重合论"的角度指出，农村集体经济的本质是资产（资本）与劳动通过多种形式的结合，在尊重农民个人产权的基础上，合理组织和使用资产、劳动力等，适应社会化分工和生产的需要，克服个人经营的困难，保障全体成员的收入和福利。①

2. 农村集体经济的特征、历史演变以及理论逻辑

在探讨农村集体经济的特征方面，李天姿、王宏波认为，认为农村新型集体经济以集体所有、股份合作为核心特征，通过劳动者的劳动联合和资本联合，推动了集体产权在集体与个人中的分配公平，有效实现了激发动力与提升能力的良性互动、社会主义原则与市场经济机制的有机平衡以及农村经营的统分结合。② 龚晨认为，新型集体经济有五个基本特征：一是突出集体财产为成员联合所有，所有权关系更为明晰；二是突出各自独立成员的意愿，所有者成员主体更为清晰、成员身份有着清晰界定；三是突出所有者成员权利与责任对等，组织治理更为民主；四是突出各种资源的整合和优化配置，分配制度更为灵活，注重按劳分配与按股分配相结合；五是突出依规依法自主经营，自负盈亏，市场主体地位更为明显。③ 房绍坤认为，新型农村集体经济具有财产基础公有性、组织载体多元性、

---

① 魏宪朝，于学强. 发展我国农村集体经济组织的几点思考 [J]. 当代世界与社会主义，2008（5）：150–154；薛继亮，李录堂. 我国农村集体经济有效实现的新形式：来自陕西的经验 [J]. 上海大学学报（社会科学版），2011，18（1）：115–123；王德祥，李建军. 农村集体经济实现形式问题探讨 [J]. 农村经济，2010（1）：10–13.
② 李天姿，王宏波. 农村新型集体经济：现实旨趣、核心特征与实践模式 [J]. 马克思主义与现实，2019，159（2）：166–171.
③ 龚晨. 新型农村集体经济发展与乡村振兴战略实施的关联探析 [J]. 改革与战略，2020，36（1）：103–109.

产权和成员清晰性、治理机制科学性、利益分配多元性等法律特征。①

在梳理农村集体经济的历史演变方面，学术界主要是从集体经济的制度变迁、农地集体所有权②、农业经营体制等方面理清历史脉络，总结历史经验和启示，探讨农村集体经济发展的逻辑主线。在阶段划分方面，林光彬认为可以划分为三个阶段，也叫做"三次飞跃论"——1953 年完成社会主义改造后，为我国农村集体经济发展的第一次飞跃；1978 年改革开放后，实现了发展的第二次飞跃；党的十八大以后，进入新的飞跃发展期。③高鸣、芦千文则通过新中国 70 年农村集体经济发展历程，将中国农村集体经济发展分为构建期（1949～1977 年）、调整期（1978～1999 年）、转型期（2000～2012 年），党的十八大以来的则是激活期。④ 周振、孔祥智等通过对新中国 70 年来农村集体经济管理体制变迁的总结和分析，认识到我国农业管理体制共经历了 4 次制度变迁。虽然每一次制度变迁的历史背景、内容和表现都有很大的不同，但统分有效结合在农业生产中的重要性却从不同角度反复得到印证，论证了农村集体经济发展变革过程中"统分"协调的重要性。⑤ 张旭论证了我国农村集体经济发展理论与马克思主义经典理论以及马克思主义中国化理论成果之间的逻辑关系，以中国农村集体经济的经营体制为视角，将我国集体经济发展历程划分为 1949～1956 年的合作社阶段、1957～1978 年的人民公社制度、1978～1993 年的统分结合的双层经营体制、1993 年以来的农业产业化经营四个阶段。⑥ 王春树在则在总结制度变迁的基础上，指出了农村集体经济改革制度变迁的趋势是适应社

①　房绍坤. 促进新型农村集体经济发展的法治进路 [J]. 法学家，2023（3）：1－14＋190.

②　米运生，罗必良，徐俊丽. 坚持、落实、完善：中国农地集体所有权的变革逻辑——演变、现状与展望 [J]. 经济学家，2020（1）：98－109.

③　林光彬. 农村集体经济：发展历程与未来思路 [J]. 国家治理，2019（31）：41－48.

④　高鸣，芦千文. 新中国 70 年农村集体经济的发展经验与启示 [J]. 农村经营管理，2019（10）：15－16.

⑤　周振，孔祥智. 新中国 70 年农业经营体制的历史变迁与政策启示 [J]. 管理世界，2019，35（10）：24－38.

⑥　张旭，隋筱童. 我国农村集体经济发展的理论逻辑、历史脉络与改革方向 [J]. 当代经济研究，2018（2）：26－36.

会主义市场经济的要求、突破传统的理论认识。①

通过梳理总结我们可以发现，学术界对新中国成立以来农村集体经济的历史阶段划分大体上没有什么分歧，只是粗和细的差别。

3. 关于乡村振兴战略与农村集体经济的研究

有关这方面的研究，学术界现有的研究成果主要集中在两个方面：

第一，探讨乡村振兴战略与集体经济之间的关系。如龚晨认为，发展壮大新型农村集体经济与推进实施乡村振兴战略有着内在的耦合性，两者是相互影响又相互促进的关系。② 集体经济作为公有制经济的重要组成部分，对于推动乡村振兴和实现共同富裕具有重要作用。发展新型农村集体经济在振兴乡村产业、变革农村生产方式、推动集体所有制与市场经济结合、建设宜居乡村、完善乡村治理和促进农民增收等方面作用显著。③ 侯清香认为，壮大村级集体经济是实现社会主义现代化强国的必然要求。④

第二，探讨乡村振兴战略背景下农村集体经济的发展。学术界普遍以发展集体经济，助力乡村振兴为出发点，针对农村集体经济的困境，提出了对于如何发展好集体经济的对策建议。主要概括为以下几个方面：（1）整体力量薄弱；（2）农村集体产权制度问题；（3）人才队伍匮乏、基层人员能力不足；（4）政策法规不配套、规范化监督不足；（5）成员集体观念淡薄。⑤ 相应的对策也是基于这几个方面的困境提出来的。例如钟瑛认为需

---

① 王树春. 中国农村集体经济制度变迁的历史及其趋势［J］. 天津商学院学报，2003（1）：1－7.

② 龚晨. 新型农村集体经济发展与乡村振兴战略实施的关联探析［J］. 改革与战略，2020，36（1）：103－109.

③ 张绘，李尚. 新型集体经济推动共同富裕的发展模式——"未来乡村"共建共享平台的实施策略与重点［J］. 当代农村财经，2023，320（5）：40－44.

④ 侯清香. 新时代发展壮大村级集体经济的重大意义［N］. 长治日报，2019－10－13（003）.

⑤ 王娜，胡联. 新时代农村集体经济的内在价值思考［J］. 当代经济研究，2018（10）：67－72；李建丽. 新时期我国农村集体经济发展的创新模式——广东南海"政经分离"模式的实证研究［J］. 佛山科学技术学院学报（社会科学版），2013，31（5）：67－72；王曙光，郭凯，兰永海. 农村集体经济发展及其金融支持模式研究［J］. 湘潭大学学报（哲学社会科学版），2018，42（1）：74－78；高峰，王栋，康维波. 乡村治理视角下发展村级集体经济的思路探讨——以山东省N县为例［J］. 青岛农业大学学报（社会科学版），2019，31（2）：27－31.

要实施土地流转，建立村集体经济股份合作机制，推动乡村振兴。①。邓文飞认为当下中国农村集体经济存在着体制不畅、人心不齐、基础不强等方面的困境，需要通过加强党的领导、深化涉农改革、夯实人才队伍建设等途径壮大农村集体经济。② 汪恭礼认为，要壮大集体经济必须要从改革农村集体产权制度、实施三产融合、用人选人等方面提升。③ 谢鹏进等人提出从推进产权制度改革、聚集高效生产要素、合理分配经营收益、加强监督反腐力度四个方面，加快发展农村集体经济的改革。④ 田林海提出发展村级集体经济，通过强化政治组织领导、发展优势资源、加强资金整合、利用区位优势兴办村企等途径，助力乡村振兴战略。⑤

4. 关于农村集体经济发展面临的问题研究

理论界围绕农村集体经济发展所面临的问题及其原因作了进一步分析，研究主要集中于农村集体经济的发展基础、产权制度、政策设计、组织管理以及人力资源等问题，近几年关于乡村治理的研究也逐渐兴起。

第一，农村集体经济基础薄弱的问题。针对农村集体经济的发展基础，韩俊及其课题组经实地调查后，分析认为农村集体经济薄弱的原因，很大程度上在于缺乏增收的有效途径，绝大多数村级集体经济组织的收入主要依靠上级财政支持，在资金、资源、人才、技术等生产要素方面十分紧缺。少数地区依靠发展"集体物业经济"，但也面临发展后劲不足的问题。有学者认为，农村集体经济在其发展过程中，出现地区发展不平衡、主导产业不明确、政策支持方式不合理、成员收益不均衡、人才资源不充足、相关改革不协调等问题。⑥ 有学者通过广泛调研指出，收入渠道单一，

---

① 钟瑛. 乡村振兴要打好"集体经济"这张牌 [N]. 人民政协报，2019 - 09 - 09 (005).

② 邓文飞. 乡村振兴背景下壮大农村集体经济组织的思考 [J]. 学理论，2019 (4)：86 - 88.

③ 汪恭礼. 乡村振兴战略背景下壮大集体经济的思考 [J]. 国家治理，2018 (3)：13 - 16.

④ 谢鹏进，刘旭锟，罗旭辉. 乡村振兴战略背景下农村集体经济发展对策 [J]. 福建农业科技，2018 (4)：64 - 66.

⑤ 田林海. 发展村级集体经济 助力乡村振兴战略 [J]. 青海党的生活，2018 (10)：52.

⑥ 李红杰，刘俊奇. 新型农村集体经济特征、存在问题及优化策略 [J]. 农业经济，2023，433 (5)：34 - 36.

集体积累较少，活力不强，缺乏收入增长的长效机制；村级经济组织发展滞后，"低、散、小"的合作社制约了农村集体经济的发展壮大；共有资源型资本严重缺乏，管理效用低下。也有学者对农村集体经济发展中的空壳村现象进行研究。另外，也有学者指出了农村集体中的负债问题，认为农村义务教育、税费难收时期部分村干部自行垫交、基本设施的维护以及基层的"吃喝之风"是农村负债的来源。有学者认为，地域条件和地理位置等先天禀赋对巩固农村集体经济、扩宽农村集体经济发展空间具有不可替代的作用，一些村（社区）由于地理位置偏远，基础设施条件普遍滞后，村级集体经济的发展路径十分狭窄。①

第二，关于农村集体产权的问题。2018～2023 年中央一号文件以及乡村振兴战略规划文件中多次提出要深化农村集体产权制度改革，这成为我国新型农村集体经济改革的重要环节。在这一背景下，农村集体经济产权制度改革成为近几年学者关注的热点，尤其是在集体产权中，土地的所有权、经营权和承包权以及流转问题。自 2014 年，中央提出"三权分置"的农村土地制度改革之后，农村土地产权问题也成为热点中的热点。

其一，在"三权分置"改革之前，集体产权并没有被分得很细，学术界讨论集体产权主要从整体上来讨论的。中国农村集体经济在历史发展过程中之所以不能聚集各种有利的社会资源，很大程度上是由于农村集体经济本身的封闭性，而封闭性又是由于集体产权的模糊性造成的。有学者从政府行政干预的角度分析集体产权问题，认为政府对集体产权制度长期干预，提高了产权的变迁成本，致使集体产权长期处于低效运行状态，集体经济空间逐渐内敛②。也有学者指出，农村集体资产形成过程漫长，且构成复杂，产权模糊容易加剧集体资产流失。也有学者指出，农村集体产权制度改革虽取得了很大进展，但对于集体资产量化范围、成员资格界定、

① 韩俊，张云华. 村级集体经济发展要有合适定位 [J]. 发展研究，2008 (11)：10 - 12；彭智勇. 空壳村：特征、成因及治理 [J]. 理论探索，2007 (5)：118 - 119；许泉，万学远，张龙耀. 新型农村集体经济发展路径创新 [J]. 西北农林科技大学学报（社会科学版），2016，16 (5)：101 - 106；梁昊. 中国农村集体经济发展：问题及对策 [J]. 财政研究，2016 (3)：68 - 76.

② 黄韬. 和谐产权关系与农村集体产权制度分析 [J]. 经济社会体制比较，2007 (2)：82 - 87.

股权设置、股权管理等方面的一些问题还需要进一步辨析。①

其二，有关集体产权中的土地产权（农地产权）、集体所有权等问题。在 2014 年党中央提出要在坚持农村土地集体所有的前提下，促进承包权和经营权分离，形成所有权、承包权、经营权"三权分置"、经营权流转的格局。此后，关于如何认识、处理农村土地集体所有权，如何完善、深化"三权分置"改革成为了集体经济产权问题的重中之重。例如，在研究"三权分置"改革的重大意义方面。学术界普遍认可"三权分置"对于农村集体产权制度改革的重大创新意义。贾可卿从分配正义的角度，认为"三权分置"所有权、承包权、经营权分别对应着平等共享、底线保障、经济效率三种价值诉求。这个过程也是社会分配正义和共同富裕的实现过程。②肖立梅从法学角度出发，探讨了"三权分置"下农村承包地上的权利体系配置。③陈军亚在总结集体土地产权演变的基础上，新一轮的土地产权改革不仅实现了农民承包权和经营权的分离，而且进一步固化了权利流转的形式，有助于激励农民自主选择和集体经济实现形式的不断创新。④扈映提出实行兼具稳定性和灵活性的农地制度，充分发挥土地的生产资料功能，有利于激活农村集体的统筹机制，重建农村集体经济。通过土地微调不仅可以切实保障农户的承包权，也可以有力保障经营者的经营权，进而有效带动农业生产效率的提高。⑤

其三，学术界对农村集体所有权中的核心问题——农地产权问题的认识仍然分歧较大，特别是关于中国农地集体所有权的归属或落实方面争论激烈。简新华等学者从马克思等经典作家的理论基础、公共资源的产权难

① 程慧君. 农村集体经济发展存在的问题与对策 [J]. 商业时代, 2010 (18): 6, 16; 黄延信, 余葵, 师高康, 等. 对农村集体产权制度改革若干问题的思考 [J]. 农业经济问题, 2014, 35 (4): 8–14.
② 贾可卿. 中国农地产权"三权分置"的分配正义维度 [J]. 深圳大学学报（人文社会科学版）, 2018, 35 (2): 21–27.
③ 肖立梅. 论"三权分置"下农村承包地上的权利体系配置 [J]. 法学杂志, 2019, 40 (4): 26–33.
④ 陈军亚. 产权改革：集体经济有效实现形式的内生动力 [J]. 华中师范大学学报（人文社会科学版）, 2015, 54 (1): 9–14.
⑤ 扈映. 新型农村双层经营体制：主要特征及实现机制 [J]. 治理研究, 2020, 36 (1): 114–120.

以界定以及土地里如何公平分配等现实问题，为解决集体产权"虚化"等问题主张农地国有化。① 第二种观点与之相反，基于效率考虑，强调农户的土地产权。② 第三种观点介于两者之间，认为可以借鉴农地保有制或日耳曼法的总有制度，通过明确集体成员的权力和义务来解决产权模糊问题。③ 第四种观点认为为实现宪法规定"集体所有"抽象主体的具体化并解决产权模糊性的痼疾，需要对"农民集体"这个所有者进行民事主体化改造：理想的状态是成立有别于村委等自治组织、具有法人资格的农民集体经济组织。④ 有人主张经营权也要归于农村集体经济组织。也有学者认为，农户承包权和农地经营权是独立于集体所有权的⑤，因而"落实"集体所有权的关键是解决好集体成员的资格权问题⑥。可以看出，新时代农地集体所有权认识学术界并不明晰，有时甚至出现了一些土地私有化的错误观点。程富恩等学者就评析了"农村土地集体所有制产权不清""土地私有制是农村土地改革方向""农村土地私有化会使农民更为富裕""'一田两主'制度是农村土地改革有效途径"四种错误观点，提出要坚持社会主义农村集体所有的大方向。

其四，关于农村集体产权改革的实践进程。高强、孔祥智认为，新中国成立以来，我国农村产权制度改革先后经历了五个发展阶段，并呈现出

---

① 简新华. 中国农地制度和经营方式创新研究——兼评中国土地私有化 [J]. 政治经济学评论，2016，7（4）：36 - 40；徐志强. 农地流转改革的所有权基础：集体抑或国家？ [J]. 经济与管理研究，2014（12）：12，40 - 45；刘云生. 集体土地所有权身份歧向与价值悖离 [J]. 社会科学研究，2007（2）：74 - 80；郭晓鸣. 中国农地制度改革的若干思考 [J]. 社会科学战线，2018（2）：52 - 57.

② 文贯中. 吾民无地：城市化、土地制度与户籍制度的内在逻辑 [M]. 北京：东方出版社，2014.

③ 高飞. 农村土地"三权分置"的法理阐释与制度意蕴 [J]. 法学研究，2016，38（3）：3 - 19；申始占. 农地三权"分置"的困境辨析与理论建构 [J]. 农业经济问题，2018（7）：46 - 57；韩松. 农民集体土地所有权的权能 [J]. 法学研究，2014，36（6）：63 - 79.

④ 叶兴庆. 扩大农村集体产权结构开放性必须迈过三道坎 [J]. 中国农村观察，2019（3）：2 - 11；陈小君. 土地改革之"三权分置"入法及其实现障碍的解除——评《农村土地承包法修正案》[J]. 学术月刊，2019，51（1）：87 - 95，104.

⑤ 孙宪忠. 推进农地三权分置经营模式的立法研究 [J]. 中国社会科学，2016（7）：145 - 163，208 - 209.

⑥ 刘守英，高圣平，王瑞民. 农地三权分置下的土地权利体系重构 [J]. 北京大学学报（哲学社会科学版），2017，54（5）：134 - 145.

单一产权、二元产权以及多元产权等演化特征。具体包括：以集体化和家庭承包制改革为重点的阶段；以推进乡镇企业产权制度改革为重点的阶段；以完善农村集体资产和财务管理为中心的阶段；以推进农村集体资源产权改革为基础的阶段；以稳步推进农村集体产权制度改革为核心的阶段。① 米运生等人认为在"坚持、落实、完善"农村集体产权改革中，政府职能转换、农地监管体制和基层组织治理结构完善等方面是制约集体产权改革深化的深层次原因，并提出坚持以功能原则作为农地集体所有权的改革理念、以实践绩效来判断农地集体所有权的改革标准、以实践绩效来判断农地集体所有权的改革标准。② 张瑞环、项继权认为，新时代的集体产权改革是进一步完善集体经济制度、构建高水平中国特色市场经济体制、加快实现社会主义现代化的基础性工程。农村集体产权改革中"嵌入"与"脱嵌"的双重逻辑将保障农民和集体权益与要素的市场流动结合起来，是农村全面深化改革、建设有中国特色的市场经济体制的道路选择和制度创新。③

第三，关于农村集体经济组织的研究。农村集体经济在组织管理、内部治理结构上存在诸多问题。学术界主要从经济组织的属性及法律地位、经营主体、历史评析、功能定位、经营形式、组织改造及形式选择等方面进行总结研究。④ 有学者认为，当前农村集体经济组织的民主管理和科学管理的水平不高，主要是由于党支部、村委会与农村集体经济组织接点不够科学。有学者进一步指出，村民委员会和农村集体经济组织承担着政治、经济、社会的多重职能，但由于法律规定不完善，致使在实际运作中造成两者的定性不准、职能交叉、法律人格不清等诸多问题，影响到农村

---

① 高强，孔祥智. 新中国 70 年的农村产权制度：演进脉络与改革思路 [J]. 理论探索，2019（6）：99 – 107.

② 米运生，罗必良，徐俊丽. 坚持、落实、完善：中国农地集体所有权的变革逻辑——演变、现状与展望 [J]. 经济学家，2020（1）：98 – 109.

③ 张瑞环，项继权. "嵌入"与"脱嵌"：新时代农村集体产权改革与市场经济建设的中国道路 [J]. 社会主义研究，2023，267（1）：97 – 104.

④ 管洪彦. 新型农村集体经济组织的法律地位：法理争辩与规范表达 [J]. 理论学刊，2023，307（3）：140 – 149；谭贵华. 农村集体经济组织的研究回顾与前瞻 [J]. 重庆大学学报（社会科学版），2013，19（1）：123 – 129.

经济体制改革的进一步深化。① 张兆康和朱芸以宁波市江北区农村集体经济组织成员身份为研究对象，归纳和总结出其成员界定过程中必须遵循的基本原则、确定要素以及特殊群体的界定结果，指出了其成员界定依据、操作程序以及政策落实效果的重要性和必要性。② 还有学者从经济组织中的观念思想、人力资源等角度分析了农村集体经济发展的状况。例如，有学者认为，管理者观念落后、领导力不够，管理队伍素质不高、人才匮乏都是当前农村集体经济发展面临的主要问题。③

第四，关于政府管理、基层治理的研究。部分学者认为农村集体经济承载了很大一部分本应由政府承担的责任。关锐捷等人认为，农村集体经济承担了很多公共服务职能，但其发展缺乏必要的优惠政策支持，并且在乡镇机构改革中很少顾及基层农村经管体系，加之一些地方部门的过多干预，严重制约了农村集体经济的发展。④ 也有学者认为，过多的行政性任务给村集体经济发展带来了不小的负担。⑤

5. 关于农村集体经济实现形式的研究

关于农村集体经济实现形式方面，学术界以多维度的研究视角，在理论层面上对其进行了深入剖析。

第一，关于集体经济实现形式的内涵特征。朱有志提出集体经济的实现形式是指在一定的生产资料集体所有制和社会主义市场经济体制下能够实现经济主体和生产要素价值的资本组织方式、生产经营体制、组织制度

---

① 徐增阳，杨翠萍. 合并抑或分离：村委会和村集体经济组织的关系 [J]. 当代世界与社会主义，2010（3）：16 – 18；罗猛. 村民委员会与集体经济组织的性质定位与职能重构 [J]. 学术交流，2005（5）：51 – 55.

② 张兆康，朱芸. 关于农村集体经济组织特殊群体人员的界定方法及其探索实践 [J]. 中国集体经济，2020（4）：164 – 166.

③ 马小红. 新形势下农村集体经济发展的突出问题及完善对策 [J]. 中国集体经济，2017（21）：16 – 17.

④ 关锐捷，黎阳，郑有贵. 新时期发展壮大农村集体经济组织的实践与探索 [J]. 毛泽东邓小平理论研究，2011（5）：28 – 34，84.

⑤ 许泉，万学远，张龙耀. 新型农村集体经济发展路径创新 [J]. 西北农林科技大学学报（社会科学版），2016，16（5）：101 – 106.

和收益分配方式的总和。① 华中师范大学中国农村研究院的几位学者强调，"能人带动"是集体经济有效实现形式的重要条件；② 政府扶持是集体经济有效实现形式的外部推力；③ 产权改革是集体经济有效实现形式的内生动力。④ 徐勇等认为，集体经济相比于个体经济具有其双重价值，其有效实现形式需要"产权相叠"、利益相关、要素相加、受益相享、治理相适、主体相信、政府相持、头人相带 8 个条件。⑤ 郑友贵从中国农村集体经济由统一经营发展到家庭经营的历史演变中得出"集体经营与家庭经营应该协调发展"，集体的发展和权益保障是农民权益保障的基础，要探索促进集体权益与成员权益统一的有效实现形式和乡村治理结构。⑥ 此外，李天姿、王宏波则结合乡村振兴战略背景，分析了明晰产权、统一经营对于破解农村经营"统""分"困局的重要性，认为集体所有和股份合作是破解农村经营统分的关键，其基本模式主要是土地股份合作社和股份合作公司。当前，在我国新型农村集体经济的实践探索中，构建了"村企合一"的新型集体经济管理模式，探索了独资、合资和有限股份等多种产权形式，形成了一种互利共享集体收益分配机制。⑦

　　第二，关于农村集体经济的发展模式。鉴于国内一些农村地区集体经济发展较好，很大一部分学者开展实地调研，深入研究农村集体经济的发展模式。程恩富在对改革开放以来中国农村集体经济进行总结的基础上，提出集体经济的发展模式有完全集体经济与过渡形态，其中完全集体经济

　　① 朱有志，肖卫．新型农村集体经济的有效实现形式创新 [J]．湖湘三农论坛，2010（00）：388 - 392.

　　② 黄振华．能人带动：集体经济有效实现形式的重要条件 [J]．华中师范大学学报（人文社会科学版），2015，54（1）：15 - 20.

　　③ 熊彩云．政府扶持：集体经济有效实现形式的外部推力 [J]．华中师范大学学报（人文社会科学版），2015，54（1）：21 - 27.

　　④ 陈军亚．产权改革：集体经济有效实现形式的内生动力 [J]．华中师范大学学报（人文社会科学版），2015，54（1）：9 - 14.

　　⑤ 徐勇，赵德健．创新集体：对集体经济有效实现形式的探索 [J]．华中师范大学学报（人文社会科学版），2015，54（1）：1 - 8.

　　⑥ 郑有贵．农业"两个飞跃"应创建集体权益与成员权益统一的实现形式 [J]．毛泽东邓小平理论研究，2017（8）：34 - 39，108.

　　⑦ 李天姿，王宏波．农村新型集体经济：现实旨趣、核心特征与实践模式 [J]．马克思主义与现实，2019（2）：166 - 171.

是以集体所有统一经营为特征，主要代表为江苏华西村、河南南街村等，而过渡形态则主要包括统分结合的双层经营体制、农民专业合作制、社区股份合作制、合作农场（土地股份合作制）等。①

也有部分学者从某地实际经验及案例出发，分析当地农村集体经济改革所采取的具体模式。例如，陈雪原以北京市为例，主要归结为三种基本类型：一是存量资产量化型，二是土地承包经营权量化型，三是资源加资本量化型。② 张茜认为，山东省东平县的土地股份合作社既体现了农村社会分工和商品经济发展的方向，又满足了科学种田和生产社会化的需要，体现了向高水平集体化实现形式发展的趋势。③ 简新华、李楠等学者实地走访调研贵州塘约村后认为，塘约村合作社不是某个大户、能人或资本牵头办的农村专业合作社，而是集体办的综合性农村合作社，实际上实行的是不完全的股份合作制，也不同于成熟完善的集体所有制，其发展趋势应该是成熟完善的集体所有制。④ 夏用祥通过对"苏南模式"变迁中集体经济从人民公社到乡镇企业、再到股份合作社的改变与嬗变过程的分析，从苏州市股份合作社的三种形式（土地股份合作社、社会股份合作社和专业合作社）着手，探索了农村集体经济的发展。⑤

此外，对于具体应该选择哪种实现形式，学者们出于不同的研究视角、研究领域提出了各类观点。张晓山通过对浙江农村展开调查研究，发现农民专业合作社是村级集体经济的重要实现形式，可以从生产和销售方面使其具有某种共性的农民在较高层次上组织起来，减少交易费用，并可与政府在农业生产方面协调对话，使政府、企业、农民建立起平等的伙伴

① 程恩富，龚云. 大力发展多样化模式的集体经济和合作经济［J］. 中国集体经济，2012（31）：3 - 9.

② 陈雪原. 探索农村集体经济有效实现形式的理论思考——以北京市为例［J］. 南方农村，2013，29（4）：20 - 25，31.

③ 张茜. 农村集体经济实现形式的现代转型——以山东省东平县土地股份合作社为例［J］. 东岳论丛，2015，36（3）：49 - 54.

④ 简新华，李楠. 中国农业实现"第二个飞跃"的路径新探——贵州省塘约村新型集体经营方式的调查思考［J］. 社会科学战线，2017（12）：79 - 90.

⑤ 夏永祥. "苏南模式"中集体经济的改革与嬗变：以苏州市为例［J］. 苏州大学学报（哲学社会科学版），2014，35（1）：101 - 106，191.

关系，从而成为解决"三农"问题的一项治本之策。① 徐元明在认为社区股份合作克服了传统集体经济的缺点，把集体财产的所有权明晰到社区全体成员，并以股份合作社的组织形式，按照现代企业制度要求，建立健全法人治理结构，农民成为股东，这是一种民办民营的集体经济实现形式，具有旺盛的生命力。② 应当认识到，理论界对某种实现形式的研究和推崇并不代表其适用于所有农村集体经济的改革发展。所谓"有效"实现形式，应当是因地制宜、结合各地实践情况所选择的，没有"最好"，而是"合适"。

6. 关于发展壮大农村集体经济的意义及对策建议的研究

第一，关于发展壮大农村集体经济的意义。学术界普遍认为，农村集体经济是社会主义公有制经济的重要组成部分，是社会主义公有制经济在农村的重要体现。对于实现共同富裕、推进脱贫攻坚、实现农业现代化具有重要意义，是乡村振兴战略实施的根本途径和重要抓手。从国家治理体系和治理能力看，壮大村级集体经济是实现社会主义现代化强国的必然要求。③ 在新发展阶段，由于新型农村集体经济具有提高发展效率、增强农村建设的公益性和组织形态的多样性等内涵特征。这些内涵特征也是其促进农民共同富裕的显著优势。同时，新型农村集体经济具有的公有制性质、推动农村经济社会稳健发展和提升乡村治理效能的作用，也决定了其能促进农民共同富裕。④ 在理论上，学术界认为党的十八大以来逐渐形成的坚持以新发展理念发展壮大新时代集体经济的思想，是对邓小平"两个飞跃"理论的创新和发展，是对我国农村经济进入发展新阶段的准确把握

---

① 张晓山. 促进以农产品生产专业户为主体的合作社的发展——以浙江省农民专业合作社的发展为例 [J]. 中国农村经济, 2004 (11)：4 - 10, 23.

② 徐元明. 社区股份合作：农村集体经济新的实现形式 [J]. 中国集体经济, 2005 (4)：37 - 39.

③ 龚云. 新时代要高度重视发展农村集体经济 [J]. 马克思主义研究, 2022, 261 (3)：18 - 26, 155；赵意焕. 我国新时代发展农村集体经济的困惑与出路——基于我国西南部某山区县的调研 [J]. 毛泽东邓小平理论研究, 2018 (1)：43 - 49, 107.

④ 陈健. 新发展阶段新型农村集体经济促进农民共同富裕研究 [J]. 马克思主义研究, 2022, 270 (12)：54 - 64.

和理性选择。①

第二，关于如何推动农村集体经济发展的对策建议。学术界针对制约农村集体经济发展的内外因素提出了一系列应对之策。首先，内因方面。毛铖提出，充分激活乡村振兴的内生动力，将产业振兴、人才振兴、文化振兴、生态振兴和组织振兴内化于农村集体经济的发展中，真正让农民成为乡村振兴战略的参与者、推动者与受益者。② 在人才队伍建设方面，有人认为要通过充实农村经济建设人才、推动经济发展资源集聚、重构农民集体主义精神等路径实现农村集体经济的发展。③ 冯敬鸿则认为新时代壮大集体经济必须充分发挥基层党组织的战斗堡垒和核心作用。④ 在集体经济组织建设方面，孙国贵认为创新和健全集体经济组织形式，必须遵循"突出重点、不走老路，因地制宜、多种形式，明晰产权、不搞平调，减少干部、降低成本"的原则。⑤ 其次，外因方面。齐力、梅林海提出在农村集体经济的外部支持上，需要转变传统观念、优化法制环境、加大财税政策力度、改善市场竞争环境等。⑥ 王曙光等人建议农村集体经济发展不仅需要政府的科学引导与必要的财政支持，还需要提供差异化的金融服务作为支撑。⑦ 冯敬鸿认为要抓主要矛盾，稳定土地承包关系，加快形成并完善壮大集体经济的政策法律框架体系。⑧ 王洪平认为，新时代发展新型农村集体经济应坚持五个法治底线：坚持家庭承包经营的基础性地位；坚

① 于金富，徐祥军．实践邓小平"两个飞跃"思想　坚持发展集体经济［J］．马克思主义研究，2010（10）：34－41；冯敬鸿．壮大新时代集体经济的理论和实践研究［J］．改革与战略，2018，34（11）：65－70.

② 毛铖．依靠内生动力发展农村集体经济［N］．湖北日报，2018－11－04（007）.

③ 王文彬．农村集体经济的现状扫描与优化路径研究——基于要素回归视角［J］．西南民族大学学报（人文社科版），2018，39（4）：192－198.

④ 冯敬鸿．壮大新时代集体经济的理论和实践研究［J］．改革与战略，2018，34（11）：65－70.

⑤ 孙国贵．农村集体经济发展需要理论和实践创新［J］．江苏农村经济，2015（5）：40－42.

⑥ 齐力，梅林海．新型农村集体经济的发展条件、现存问题及改革措施研究［J］．南方农村，2009（1）：41－44.

⑦ 王曙光，郭凯，兰永海．农村集体经济发展及其金融支持模式研究［J］．湘潭大学学报（哲学社会科学版），2018，42（1）：74－78.

⑧ 冯敬鸿．壮大新时代集体经济的理论和实践研究［J］．改革与战略，2018，34（11）：65－70.

持统分结合的双层经营体制；坚持多种所有制经济共同发展的基本经济制度；坚持多种分配方式并存的分配制度；坚持保障一切市场主体的平等法律地位和发展权利。①

二、国外研究现状

国外学者对集体经济研究，主要关注点在于合作社或合作经济方面。合作经济最早的理论渊源可以溯源到空想社会主义学者的研究上，欧文在《致工业贫民救济委员会的报告》中提出通过兴办合作社来缓解社会失业问题，同时还认为合作社是未来理想社会的基层组织细胞。傅立叶提出组建的合作社名叫"法郎吉"，在"法郎吉"内部人人平等、共同劳动、收入按劳动、资本和才能分配。在空想社会主义学说的基础上，社会改良主义在农村合作经济思想方面有了新的发展，例如，约翰·俾勒斯的"产业结社"理论认为农民可通过互助合作道路获得合理的工作和报酬，使富者得到公平的利润，他建议用招股的方法来筹措资金，为贫者建设一个合作共产村——"理想乡"，这在农业合作经济思想史上，第一次体现了真正的合作原则。而后来英国最先成立的罗虚戴尔公平先锋社既是对欧文合作社思想的继承，也为合作社的后续研究提供了较为丰富的实践依据，其所确立"原始资本通过社员筹集，给予适当利息；职员经由社员投票选举，严格实行一人一票，不允许代为投票"等基本原则也成了后来国际合作制度的经典规范。德国汉堡学派认为，消费合作社是替全人类谋利益的一种和平改造社会的组织。消费合作社之间应当联合起来，不应该因政治立场、宗教信仰之间的差别而相互斗争，要合理分配盈利比例，小数比例盈余分发社员，绝大部分作为公积金，合作社就是纯真的社会主义。

20世纪是世界农村合作经济思想走向繁荣的阶段。国外学者关于农业合作经济的系统研究始于20世纪40年代，后期不断发展主要利用新古典经济学及出现的新理论如新制度经济学、博弈论等理论研究农业合作经

---

① 王洪平．发展新型农村集体经济应当坚守的法治底线［J］．理论学刊，2023，307（3）：150－158.

济，深究农业合作社产生缘由及其发展绩效。恩克（1945）认为农业合作社的存在主要是由于市场机制的不完善，合作社的成立可以实现生产者剩余和消费者剩余的最大化，从而进一步改善社会经济福利水平①。而农民也会将净经济收益作为其加入或者退出农业合作社的重要衡量依据②。与个体农民相比，农业合作社不仅能够占据一定的市场份额，还可以降低交易风险所带来的损失，另外基于惠顾返还机制，合作社也有利于稳固农民的收益③。用博弈论视角分析农业合作社的相关问题在 20 世纪 90 年代以后逐渐盛行，博加林和钱伯斯（1999）利用博弈论模型研究了在成本效率及讨价还价能力差异下的农业合作社中的定价机制④。祖斯曼和劳塞（1994）通过建立集体合作组织中的讨价还价博弈模型框架，以解析合作社中的行为效率及群体行为进行了研究⑤。关于合作社的产权问题及相应治理机制的研究也是国外经济学家高度关注的重点领域，亨德里克和威尔曼（2001）研究了农业营销合作社中投资约束和控制约束的相互关系，明确了交易成本理论、治理结构理论等在农业合作社中的参考价值；同时，在交易成本理论的基础上，制定了农业合作社在财务约束条件下的最优治理结构的决策逻辑⑥。

美国经济学家 D. 盖尔·约翰逊在其著作《经济发展中的农业、农村、农民》（2013）中呈现了他对中国农村集体经济思想的研究成果，基于著名经济学家西奥多·舒尔茨关于农村经济中小农的经济人理性假设出发，他发现中国农村集体经济发展的缺陷之一就是农民并不拥有土地所有权，这大大

---

① ENKE S. Consumer Cooperatives and Economic Efficiency [J]. *American Economic Review*, 1945, 35（1）：148 – 155.

② Rhodes, James V. The Large Agricultural Cooperative as a Competitor [J]. *American Journal of Agricultural Economics*, 1983, 65（5）：1090.

③ Sexton R. J., Iskow J. Factors Critical to the Success or Failure of Emerging Agricultural Cooperatives [J]. *Information*, 1988, 41（6）：39 – 42.

④ Bourgeon J. M., Chambers R. G. Producer Organizations, Bargaining, and Asymmetric Information [J]. *American Journal of Agricultural Economics*, 1999, 81（3）：602 – 609.

⑤ Zusman P., Rausser C. Intraorganizational Influence Relations and the Optimality of Collective Action [J]. *Journal of Economics Behavior and Organization*, 1994, 24（1）：1 – 17.

⑥ Hendrikse G. W. J., Veerman C. P. Marketing Co – operatives：An Incomplete Contracting Perspective [J]. *Journal of Agricultural Economics*, 2001, 52（1）：53 – 64.

降低了农民对于土地经营、投资和管理的能动性和积极性，导致农民生产的低效率，对我国改革开放以后的农村集体经济改革产生过很大的影响。

此外，苏联在农业集体化方面也进行了实践探索。从俄共（布）党第十五次代表大会起，斯大林对苏联农业政策的制定起着决定性作用，他继承和进一步发扬了农村和农业合作经济的思想，并直接上升为农业集体化道路的集体农庄实践，成为全面集体化的坚定推行者。当然，这时期斯大林无论在思想上还是实践上都出现了诸多失误。在解决当时面临的粮食收购危机时，斯大林提出集体化思想，认为为了实现工业化，必须发展现代化大农业。关于集体农业的实现形式，斯大林把农业劳动组合作为当时集体农庄的基本形式，他认为集体农庄是合作社的高级形式，强调集体农庄和合作社并不是对立的，关于新经济政策实施的两个阶段，强调"集体农庄是整个合作社运动不可分割的组成部分，也是列宁的合作社计划不可分割的组成部分"。[①]。在这种思想指导下，苏联的农业集体化运动取得了较为显著的成就，但斯大林的理论由于将农业发展置于与重工业过度从属的地位，导致国民经济比例严重失衡；认为又"大"又"纯"的生产资料公有制才是社会主义，而把非公有制经济形式看成社会主义的对立物，对其进行彻底改造。同时强调农村生产组织形式的意义，强行推进农业集体化等，都存在很大的局限性和盲目性，需要警惕。

总体而言，由于农村集体经济是少数几个社会主义国家所采用的公有制实现形式，国外的经济实践较少，所以国外学者的研究多集中于合作经济及其组织效率等问题。而在我国，农村集体经济的内涵又被我国农村发展实践赋予了新的时代特征和中国特色，国外对农村集体经济尤其是我国农村集体经济的研究相对较少，但是国外学者对农业合作社效率、管理等方面的研究为我们发展农村集体经济提供了重要借鉴。

三、对相关研究的简要评析

从目前国内的研究情况看，对农村集体经济的现有研究虽然取得了一

---

① 斯大林全集（第11卷）［M］. 北京：人民出版社，1955：78.

定成果，但从客观上讲，农村集体经济发展的多元化及其涉及的农村土地问题、农村集体经济组织问题、农村集体经济实现形式问题，使得现有研究的系统性、整体性都有待进一步加强。

1. 研究成果的质量参差不齐，研究深度不够

目前，虽然学术界对于农村集体经济进行了一定的研究，但成果总量参差不齐，而且多是针对农村集体产权制度改革、农村集体经济组织等问题的具体性研究，对于中国新型农村集体经济本身的研究深度不够、系统的理论成果较少。

2. 研究内容缺乏系统性与整体性

当前，学术界关于农村集体经济发展为主题的研究成果较多，且集中于农村集体经济的实现形式、农村经济发展过程中存在的问题，以及壮大农村集体经济的路径方法等议题。但是，在总体研究上缺乏系统性与整体性。比如，针对农村集体经济衰弱问题的研究，大体上可归为两类：一是专注于某个单一的影响因素的研究，特别是围绕产权制度或土地制度为主题的研究居多；二是覆盖全面的研究，由内到外，涉及组织、管理、人才、制度等方面。对此，前者虽然观点明确、重点突出，但农村经济衰弱问题不可能是单纯某一点原因导致的，由此显得以偏概全，缺乏必要的整体视野；后者虽然分析面面俱到，但多是简单的问题罗列，主次不明显，研究的系统性、层次性不强。

3. 研究方法比较单一

总体而言，当前学界多数采用实证研究的方法，针对某一村、某一乡、某一市农村集体经济发展状况的研究，或是基于多个同类型村落农村集体发展数据的研究。由此得出的研究结论固然真实准确地反映了集体经济发展的某些问题，总结了农村集体经济发展的具体措施，但对于归纳提炼我国农村集体经济发展的历史经验、客观规律以及如何实现我国农村集体经济发展在更大范围内的推广和适用，缺乏必要的统筹思考与深度研析。

第三节 相关概念界定和辨析

一、集体经济与合作经济

集体经济，是以劳动者的劳动联合和劳动者的资本联合为主的经济形式，承担着发展经济、公共服务和乡村治理等经济社会职能。集体经济的成员构成通常以乡镇、村（组）行政边界作为界线，一般以户籍作为基准，并综合考量年龄、婚嫁、地缘、历史等其他影响因素。集体经济的基本属性是生产资料归劳动者集体所有，将劳动者的集体劳动与集体所有的生产资料相联结，所获得的积累归于集体所有，而劳动成员的报酬实行按劳分配。

合作经济，是适应社会经济发展需求所产生的，在生产要素上具有特定的结合形式和分配方式。自愿、平等、民主、互利的等原则，是合作运动基本特征。合作经济是劳动者自愿联合，实行民主管理，实行按劳分配与生产要素分配并存，自负盈亏的经济形式，具有代表性的组织形式是合作社经济。与集体经济的成员构成相比，合作经济既允许本村居民、企事业单位、集体经济组织、合作经济组织等市场主体，也允许政府涉农服务部门、社会组织等非市场主体，共同参与到合作联合当中。

从生产资料的法律关系来看，社会主义的集体经济、合作经济都被规定为劳动群众集体所有，两者的区别表现在生产资料所有制经济关系的实现方式即经济组织形式上。2018 年修正的《宪法》第八条规定："农村中的生产、供销、信用、消费等各种形式的合作经济，是社会主义劳动群众集体所有制经济。""城镇中的手工业、工业、建筑业、运输业、商业、服务业等行业的各种形式的合作经济，都是社会主义劳动群众集体所有制经济。"韩俊认为集体经济属于集体无差别占有生产资料的经济形式，而合作经济中的参与成员对生产资料的占有存在差别，普遍遵循着盈余返还的原则。① 程恩富和龚云认为集体经济是从所有制角度出发的经济组织形式，而合作经济是从经济运行体制角度出发的经济组织形式。②

二、农村集体经济

农村集体经济是社会主义公有制经济在农村的具体实现形式，是实施乡村振兴战略，探索中国特色社会主义农业农村现代化道路的重要抓手。2016 年出台的《关于稳步推进农村集体产权制度改革的意见》中明确指出："农村集体经济是集体成员利用集体所有的资源要素，通过合作与联合实现共同发展的一种经济形态，是社会主义公有制经济的重要形式"。③ 从具体的实践方式来看，我国农村集体经济可以分为两类：一是基于生产资料集体所有，实行集体统一经营、劳动产品统一分配的传统社区型集体经济，其承载体为农村集体经济组织；二是采取劳动群众出资入股等方式来会集生产资料，明确产权归属，实行集体经营的合作经济，其主要承载体是合作社或股份合作社等农民合作组织④。2023 年中央一号文件指出"构建产权关系明晰、治理架构科学、经营方式稳健、收益分配合理的运行机制，探索资源发包、物业出租、居间服务、资产参股等多样化途径发展新型农村集体经济。"可以看出，新型农村集体经济的组织形式是多元化的，无论是基于生产资料集体所有的集体所有制经济，还是基于产权明晰规则的集体经营的合作经济，其法律概念均是"社会主义劳动群众集体所有制经济"。

三、农村集体经济组织

农村集体经济组织，是农村资产集体所有、农民群众合作发展的经济

　　① 韩俊. 关于农村集体经济与合作经济的若干理论与政策问题［J］. 中国农村经济，1998（12）：11 - 19.
　　② 程恩富，龚云. 大力发展多样化模式的集体经济和合作经济［J］. 中国集体经济，2012（31）：3 - 9.
　　③ 中共中央　国务院关于稳步推进农村集体产权制度改革的意见［J］. 中华人民共和国农业部公报，2017（1）：4 - 8.
　　④ 黄延信. 发展农村集体经济的几个问题［J］. 山西农经，2014（6）：9 - 11.

组织，能够激发广大农民群众参与农村经济社会建设的潜在动力和创新活力。农村集体经济组织是除国家以外对土地拥有所有权的唯一组织。2018年修正的《宪法》第八条规定："农村集体经济组织实行家庭承包经营为基础、统分结合的双层经营体制""参加农村集体经济组织的劳动者，有权在法律规定的范围内经营自留地、自留山、家庭副业和饲养自留畜""国家保护城乡集体经济组织的合法的权利和利益，鼓励、指导和帮助集体经济的发展"。

农村集体经济组织是农村经济的载体，是中国农业持续发展、农民收入增加以及农村繁荣振兴的重要推动力，呈现了中国农村社会经济发展的现实需求和政策导向。追溯农村集体经济组织的发展历程，从高级合作社阶段的初步形成，经过人民公社化阶段的基本确立，再到双层经营体制阶段的独立发展，看似毫无规律的演进过程，却秉承着经济发展的内在逻辑，促使农村集体经济组织内涵的丰富和功能的增强。当前的经济社会背景下，农村集体经济组织中的经济资源属于共同所有，且赋予了农村集体经济组织特殊的功能作用。伴随农村城市化、工业化和现代化的发展进程，除了农村集体经济组织原有的经济功能，其社会功能与生态功能同样获得了广泛认同，力图实现农村经济、社会、生态之间的协调发展。因此，我们应准确把握农村集体经济组织的特殊性，理性辨别其职能作用。

随着改革开放步伐的加快，各类新型农村专业合作经济组织逐渐兴起，不仅传承了传统农村集体经济组织的经济职能，而且有效提升了集体经济组织的社会化服务水平和经营管理能力，同时增强了基层组织的凝聚力和向心力，有效推动了政府职能的积极转变。应当承认的是，在当时的发展背景下，传统农村集体经济组织曾对农村经济发展以及社会和谐稳定发挥了重要的载体作用。2016年，中共中央、国务院出台的《关于稳步推进农村集体产权制度改革的意见》指出："农村集体经济组织是集体资产管理的主体，是特殊的经济组织""农村集体经济组织承担大量农村社会公共服务支出，不同于一般经济组织，其成员按资产量化份额从集体获得的收益，也不同于一般投资所得，要研究制定支持农村集体产权制度改革的税收政策"①。2017 年出台的《中华人民共和国民法总则》规定:"农村集体经济组织和城镇农村的合作经济组织依法取得法人资格""农村集体经济组织的成员,依法取得农村土地承包经营权,从事家庭承包经营的,为农村承包经营户",从法律层面承认和保护了农村集体经济组织在农村经济社会发展过程中的职能地位。具体而言,在农业供给侧改革和乡村振兴战略的实施过程中,农村集体经济组织能够成为强大的助推力;在财税政策的支持引导下,农业农村的基础设施建设、公共服务投入等方面得到有效落实,部分农村集体经济组织的服务职能和影响力度都开始"起底回升"。

四、农村集体经济实现形式

中国农村集体经济经历了农业生产合作社和人民公社时期的探索实践,确立了"三级所有,队为基础"的基本制度框架,伴随农村改革步伐继而构建了"家庭承包经营为基础、统分结合的双层经营体制",再到如今的所有权、承包权、经营权"三权分置",呈现出"统—分—统分并立"的发展脉络,这是我们党不断解放思想,寻求更适应农业生产力水平的生产关系的探索②。新时代背景下,农村集体经济实现形式在理念上进行了延伸,侧重的是在资源与投资等要素相互整合下实现互利共赢的经济状态,集体组织既要保障农民集体收益分配权,又要发挥提供公共服务等社会功能。

当前,我国实行以家庭联产承包为主,统分结合的双层经营模式。在家庭承包责任制方面,具体而言,农户作为相对独立的经济实体,承包经营集体土地等生产资料和生产任务,并依据合同要求自主开展农业生产和经营活动,实现了土地集体所有权与经营权的有效分离,提高了农民群众

---

① 中共中央　国务院关于稳步推进农村集体产权制度改革的意见[J]. 中华人民共和国农业部公报, 2017 (1): 4 - 8.

② 高鸣, 芦千文. 中国农村集体经济: 70 年发展历程与启示[J]. 中国农村经济, 2019 (10): 19 - 39.

的农业生产积极性，拓展了农民群众的收入渠道。家庭联产承包责任制是特定社会经济条件下的历史选择，在改变农村经济发展格局的同时，为社会经济的持续发展和后续改革奠定了坚实的基础。

股份合作制形式也是发展农村集体经济的重要实现形式。股份合作制形式以劳动合作为基础的劳动合作与资本合作的有机结合，既承认"物"要素的产权，又承认"人"要素的产权（即劳动力产权），将各种分散的生产要素整合，形成新的集体力和生产力①。党的十八届三中全会提出要"保障农民集体经济组织成员权利，积极发展农民股份合作，赋予农民对集体资产股份占有、收益、有偿退出及抵押、担保、继承权"。现有的股份合作制形式有：一是在集体经营性资产确权到户的基础上，通过土地入股、农民入社，解决土地资源整合和资产经营效益等方面的问题，构建和发展现代农业产业体系，推动农村经济社会的创新发展；二是以集体资产、财政资金或形成的资产入股、租赁等形式，引入工商资本或其他优质要素，通过提供统一服务、利用村内现有资源等形式，培育新型农业经营主体，核心是落实农村集体经济组织的产权主体地位，使得集体资产所创造和收获的增值收益惠利于其组织成员。

此外，国家还鼓励建立健全城乡统一的建设用地市场，允许农村集体经营性建设用地出让、租赁、入股；同时鼓励农村集体经济组织创办乡村旅游合作社，或与社会资本联办乡村旅游企业，合理规划农村集体经济的发展路径和实现形式。具体模式主要包括：承包经营模式、租赁模式、外租模式、中介服务模式、参股模式、发包模式、税收分成模式等。可以看出，农村集体经济实现形式的创新，重点在于增强农村集体经济组织的市场竞争力以及对资源和资产的经营能力。

五、传统农村集体经济与新型农村集体经济

传统农村集体经济是农村社区集体（乡、村、组）共同所有生产资

①　许经勇. 习近平壮大农村集体经济思想研究［J］. 山西师大学报（社会科学版），2020，47（1）：1-6.

料，集体组织统一经营，组织成员集体劳动，实行按劳分配的集体经济，还包括由社区集体举办的集体企业。回顾我国农村经济改革发展历程，传统农村集体经济组织的确曾对农业经济发展作出了重要贡献，但随着农村经济制度体系的革新发展，国内国际社会环境的复杂变化，传统农村集体经济的市场竞争力逐渐下降，弱化了传统农村集体经济组织职能作用的发挥。与之相比，新型农村集体经济组织的发展活力不断增强，获得了越来越多的社会认可与支持。

新型农村集体经济是改革开放后以多种经济要素合作为基础的、与市场经济和农业现代化相适应的经济形式，是社会主义公有制经济的重要组成部分。新型农村集体经济是在稳定和完善基本经营制度的基础上，与解放和发展社会生产力的发展目标相统一，与农民共同富裕的价值追求相一致，与集体化、集约化的组织形式相匹配的农村集体所有制经济。新型农村集体经济的核心特征是集体所有和股份合作，其资源配置是以市场为基础的、产权是清晰的、治理结构是科学完善的、经营方式是多元化的，在推进新型城镇化建设、减少社会问题、提供公共服务、培育集体观念等方面彰显出社会主义制度的优越性。

新型农村集体经济是对之前的农村集体经济的改革、继承与发展。与传统农村集体经济相比，既涵盖合作性、区域性、综合性等性质，又更新与扩充了新内涵：（1）体制新，在市场经济新体制下，农村集体经济作为市场经济主体之一，同样需要遵循市场经济运行的规则；（2）机制新，从以前的统一经营过渡到现在的以家庭经营为基础的、统分结合的双层经营机制；（3）制度新，适应农业现代化发展需要的产权制度、管理制度和分配制度等方面都与过去有着本质的创新；（4）领域新，已远超出传统农业生产合作的范围，实现一二三产业融合发展；（5）目标新，不仅要发展生产，还要全面建设社会主义新农村，推进乡村振兴战略的实施。①

---

① 焦守田. 农村新型集体经济：新农村建设的重要基础——以北京郊区新农村建设实践为例 [J]. 农村经营管理，2006（7）：39 – 41.

第四节 研究思路和方法

一、研究思路

本书主要以马克思主义政治经济学及其中国化理论成果为理论基础，在对改革开放以来我国农村集体经济发展的历程考察和经验总结的基础上，研究和剖析新时代发展农村集体经济的重要意义与现实基础。同时，通过审视我国农村集体经济发展的现状，瞄准现实发展层次、发展水平与发展目标之间的差距，分析新时代中国农村集体经济发展面临的主要问题及其原因，结合近几年我国农村集体经济发展的典型模式，力图探索一条具有中国特色的"自上而下"和"自下而上"有效结合的新型农村集体经济发展道路。

二、研究方法

1. 文献研究法

全方面地收集、整理国内外相关资料和重要文献，研读相关原著，梳理相关文献，归纳和总结国内外有关学者对农村集体经济问题的研究观点，为研究找准切入点。

2. 比较分析方法

采用横向、纵向比较研究的方法，在研读大量相关的文献资料的基础上，探析农村集体经济发展的基本规律及影响因素。在纵向上比较分析我国农村集体经济在不同历史阶段的内在特征及发展实际；在横向上比较分析农村集体经济发展的具体做法、实践成效与主要问题，为深入研究提供重要的理论依据。

3. 案例解剖分析法

对农地制度、农业经营方式和农村集体经济发展展开实地调查研究。依据村级集体经济发展模式的特点及其发展水平，选取具有代表性的典型模式，深入剖析这些地区推动村级农村集体经济发展壮大的积极举措和有益经验，为探索提高我国农村集体经济整体实力的实践路径，为政策体系的设计提供有力支撑。

4. 跨学科研究方法

运用马克思主义理论、经济学、政治学、管理学、社会学等学科的研究方法分析我国农村集体经济发展的相关问题。

第二章
中国农村集体经济发展的理论基础

如何发展壮大农村集体经济是我们党执政兴国、实现中华民族伟大复兴的重要时代课题。面对新时代农村经济的客观变化与发展要求，深入探索与研究中国特色社会主义农村集体经济的发展方向与发展道路，在理论上进行追根溯源是十分必要的。马克思主义经典作家的一贯思想就是发展农村集体经济，推进集体经济向公有制经济逐步过渡。

第一节　马克思主义经典作家关于农村集体经济的思想

一、马克思、恩格斯农业合作化思想

18 世纪末至 19 世纪中期，随着西方合作社运动的广泛开展，马克思、恩格斯在领导国际工人运动的同时，深入研究俄国、法国农民合作社的发展。他们在批判吸收以傅立叶、欧文为代表的空想社会主义者合作经济思想的基础上，通过对小农占多数且经济落后的资本主义国家的实践考察，最终形成了农村集体经济思想。马克思和恩格斯不仅明确提出了社会主义集体经济的本质属性、主要特征、组织形式、产权安排、具体路径以及对未来社会生产合作化制度的初步构想，而且归纳总结出发展合作社是经济落后国家实现社会主义农业集体发展的一般规律，充实和丰富了社会主义公有制经济理论宝库。

1. 集体所有制产生与存在的历史必然性

马克思明确指出，不论是在社会价值理念、道德范畴，抑或是社会调节系统中，集体主义始终贯穿人类发展的整个历史过程，包括人类最初的生产活动也正是通过集体劳动最终征服自然的。他还强调，只有在集体当中，个人才能真正获得实现全面发展的手段与自由。基于此，马克思恩格斯进一步提出了农村集体经济、农业合作社等重要思想。

第一，集体所有制是从资本主义过渡到共产主义的发展路径。马克思关于集体所有制的思考是以资本主义生产关系作为研究起点的。马克思、恩格斯指出，集体所有制是由旧形式发展而来的联合的生产方式，属于"公共的"所有制范畴，因而是私有制的对立物。在他们看来，集体经济是合作经济在农村的实现形式，同样，"工人的合作工厂""资本主义的股份企业"则是合作经济在工业领域的实现形式。这种集体所有制并非由于生产力水平低下而不得不采取的分工合作安排，而是在充分尊重个体所有制基础上自然发展而构成的经济联合。从本质上看，不论是劳动的联合，还是资本的联合，这些都是对旧形式的扬弃，逐步转化为联合的生产方式的重要过渡。从长远来看，随着科学技术水平的提高，社会生产形态也会随之发展，集体所有制所涉及的领域、范围与深度将日益扩大，这种具有普遍性的联合最终必然会引导走向共产主义社会。基于此，在阐述社会主义的内在特征与未来社会发展趋势的构想时，马克思总结指出，社会经济生产方式和交换方式应当是以集体经济与合作经济为主要，集体所有制是从资本主义过渡到共产主义的发展路径。他认为，随着历史的推移，资本主义生产本身会造成对自身的否定，同时创造出经济制度的崭新要素，这种要素会对社会生产力与一切生产者个人的全面发展提供巨大的推动力量，依据这一发展趋势，以集体生产方式为基础的资本主义所有制必然将会转变为社会所有制。而这也正是法国社会主义者在经济方面斗争的最终目的，即实现全部生产资料的集体所有制。应当注意的是，在马克思、恩格斯的话语语境中，"集体所有制"与"共同占有制""社会所有制"是同义词，在经济层面都是指在理想社会中全部生产资料（包括土地）都归属于全体社会成员共同所有。

以上论述深刻揭示了集体所有制推动社会主义事业的向前发展具有相当重要的理论意义与现实意义，同时反映了集体所有制的基本特征及其核心要素——劳动的联合、资本的联合或两者兼而有之的联合，为我们在新的历史条件下发展农村集体所有制经济提供了基本依循与发展方向，具有深远的启示作用。

第二，集体所有制有助于改造小农经济，通过建立集体所有制的合作社引导和鼓励小农走向合作，迈上社会主义道路。在恩格斯看来，小农经济的特征主要表现在：生产规模狭小、采用传统的生产技术和落后的生产工具；生产资料多数是自然交换，社会关系单一局限；缺少分工，自给自足、相互隔离的生产方式只能勉强维持小农自身和家庭的基本生活，难以摆脱贫困，达到生活富裕。同时，经济上的窘困直接导致小农在政治上的弱势地位，尤其是在表达与维护自身利益方面势单力薄。因此，当生产力达到一定程度时，必须利用集体经济对小农进行改造，才能有效消除小农经济的历史局限性，从这一维度上说，集体经济的存续和发展有其重要意义：不仅是农民发展生产、摆脱贫困的坚实保障，也是农民表达意愿、保护其财产及应有权利的物质基础。

在社会生产力的视角上，马克思、恩格斯还明确指出，单一的、分散的小农生产方式无法适应社会化大生产，势必会对社会生产力的自由发展造成严重阻碍。马克思认为，小农经济是以包括土地在内的生产资料的分散性为前提，不仅排斥生产资料的聚集，也排斥生产组织的内部分工与生产过程的协作，排斥先进的科学技术应用，这样落后的生产方式显然不能适应社会化大生产的发展要求。换言之，在资本主义大工业发展和生产革命浪潮下，以自给自足的农民家庭小生产和自然经济为代表的旧生产方式不可避免地日渐没落甚至消亡。

对此，马克思、恩格斯主张在无产阶级的支持下通过合作社形式对小农加以改造，说服和吸引小农走上社会主义道路，使他们成为工人阶级的同盟军，推动无产阶级革命的成功。1874 年前后，马克思在撰写《巴枯宁〈国家制度和无政府状态〉一书摘要》中，由于考虑到土地对农民的重要性，改变了之前一律实行土地国有化的主张，提出采取"集体所有制"作为改造小农的基本方法。与此同时，他还强调必须采取和平的手段实现小农经济的顺利改造。在农民自愿联合的基础上实行农民合作社占有、生产和经营，即建立以农民合作社为基本形式、以联合劳动为基本特征的农村集体经济。

不难发现，在马克思、恩格斯看来，农民土地私有制是社会主义革命过程中一个不容忽视的障碍。因此，为了更好地解决团结农民与废除私有制之间的矛盾，必须通过"经济道路"实现农民土地私有制向集体所有制转化，进而纳入社会主义经济基础的重要部分。当然，值得注意的是，他们也强调了这种集体所有制并不是过去所理解的集体化，而是合作化。换言之，这不是完全彻底地废除农民的土地个人所有制，而是在承认个人私有制基础上，实现生产资料的联合与劳动的联合。由此可见，"合作生产"作为改造小农经济的主要方式，是引导小农经济向"完全的共产主义经济过渡"的"中间环节""过渡阶梯"，是适应社会生产力发展和促进农民共同富裕的必由路径。

2. 农村集体经济的本质特征与基本原则

通过对现实实践的深入研究，马克思、恩格斯指出，要在经济较为落后的国家建立社会主义，建立农民合作社是从小农经济向社会主义经济过渡的主要实现形式，同时也是社会主义农村集体经济的普遍形式，因而他们倡导发展合作经济，实行集体经营，主张单个农户联合起来成为合作社，再把各个合作社逐渐变为全国性的大生产合作社。

在马克思、恩格斯关于合作社的相关论述中，集中体现了社会主义农村集体经济发展的本质特征与基本原则，主要体现在以下几个方面：

第一，坚持社会主义公有制的基本原则，把小农的个体私有制改造成以合作社共同占有为特征的社会主义集体所有制。马克思、恩格斯指出，合作集体经济是公有制经济的一种重要形式，这种经济形式具有"集体占有""集体生产""劳动组合""集体经营"等核心特征，并强调无产阶级在掌握政权以后，应当不失时机地推进土地私有制向集体所有制转变。通过建立农民合作社，能够将各小块土地全部整合起来进行大规模经营，实现劳动联合与产权联合。

第二，坚持农民自愿的基本原则，充分尊重和保障农民的根本利益。为了积极健康地引导农民顺利改造，马克思着重强调，开展合作化运动的过程中不能采取暴力措施剥夺小农，不能无视农民意愿而实行强制性的行政命令，不能得罪农民劳动者，而是应当让农民自愿地、主动地通过经济的道路实现从小农经济向社会主义集体经济的过渡。马克思逝世后，恩格斯进一步提出，无产阶级政党在引导农民推动合作经济发展时必须遵循自愿互利的原则。如此一来，农业合作社更容易为农民所接纳，同时也为社会主义革命扫除了一定障碍，巩固了工农联盟关系的稳定性。可以看出，马克思、恩格斯强调尊重农民的自主权利，保证农民对生产资料的所有权，切实维护农民的实质利益。

第三，注重教育引导和典型示范，同时提供社会帮助，鼓励和吸引农民加入合作社。由于对私有制固有认识与落后生产习性的局限性，制约了农民参与农村集体经济的积极能动性，因此马克思、恩格斯主张在具体实践上采取典型示范的方法，比如通过利益杠杆吸引农民选择合作化道路，以大规模、高效率、高收益的现代化生产引导农民自觉加入集体经济，让他们相信和认可大规模合作企业的优越性。同时，他们还指出，国家应当对农业合作社的建立给予必要的、有效的帮助，主要涉及政策扶持、生产资料供给、加大金融支持力度等方面，为他们提供更多的便利。这一系列举措的目的是吸引越来越多的农民实行联合劳动、合作生产，不断扩大农村合作社的发展规模，提高其发展水平与质量，加速合作社由低级形式向高级形式转变，从而实现农村经济的显著提升。

第四，农民加入合作社后，应当保障与增进他们在合作社中的经济利益。在马克思和恩格斯的设想里，通过劳动联合与资本联合，农村集体经济能够实现生产资料的集体占有。基于此，集体经济发展初期可以实行股份化的产权制度，以及按劳分配与按生产要素分配相结合的分配制度。即通过预付资金、土地与劳动力入股的方式组织成立农业合作社，对农户的个人财产权与收益权予以承认和保护，并按照各个社员所持股份以及所出劳动力的比例分配相应收益，使农户的经济利益能在集体利益中得以体现。

此外，马克思、恩格斯还强调，由于主客观因素，实现生产资料由私人所有向集体所有过渡是一个较为漫长的发展过程，必须始终坚持生产关系适应生产力的发展原则，不能盲目冒进、急于求成，任何过分夸大生产关系反作用的理论和脱离生产实际的实践必将导致发展受阻甚至停滞。

毋庸置疑，马克思、恩格斯关于农业合作社发展道路的科学论断，蕴含着社会主义农村集体经济发展的本质规定，特别是提出了基本生产资料集体所有，实行按劳分配和按生产要素分配相结合，在集体利益中充分尊重与维护农民的个人利益，注重激发集体成员的积极主动性等重要的思想观点，为农村集体经济发展道路探索迈出了坚实的理论步伐，也为社会主义国家如何更好地发展农村集体经济提供了宝贵的理论指南与价值依据。

3. 农村集体经济的实现形式

结合现实实践，马克思和恩格斯指出随着社会生产力的发展，集体经济发展的实现形式是灵活多样的，并围绕农民合作社发展的多样性问题进行了深刻透彻的研析。具体而言，主要包括以下三个方面：

第一，合作社组建方式的多样性。恩格斯认为，虽然不同阶层的农民都应该通过合作社组织起来，进行农业的社会化生产，但是由于他们对土地的实际占有情况各不相同，因而合作社的组织形式也应具有差异性。对于小农，不能采取剥削压榨的方式，应采取平和的方式"把各小块土地结合起来并且在全部结合的土地上进行大规模经营"。[①] 对于中农和大农，应当使单个农户联合为合作社，逐渐在合作社内有效地消除雇佣劳动、消灭剥削，进而过渡至新的生产方式。对于大土地占有者，一旦无产阶级掌握国家政权后"应该干脆地剥夺"他们，将他们的土地收归全社会所有。之后，在社会的监督之下，转交于当时已耕种这些土地并组织建立合作社的农业工人使用。[②]

---

① 马克思恩格斯选集（第4卷）[M]. 北京：人民出版社，1995：499.
② 马克思恩格斯选集（第4卷）[M]. 北京：人民出版社，1995：503 – 504.

第二，合作社发展形式的多样性，即合作社的发展形式并非永恒不变的，而是由低级形式不断向高级形式转变的动态过程。马克思和恩格斯都认为，由小农组成的合作社，在建立初期还不能实行全民（社会）所有制这一高级形式。换言之，在个体所有制过渡至集体所有制的过程中，必须要有中间过渡形态。基于此，恩格斯提出了合作社的初级形式，并将"首要"任务确立为改造小农的私人生产、占有为合作社的生产和占有。在这样的合作社内，土地所有权暂时仍属于农民。其后，在论及无产阶级国家应当帮助农民成立合作社时，恩格斯强调通过推动合作社由低级形式向更高级的形式不断发展与进化，力图消除小农、中农、大农合作社之间的差别，使其最终成为以全民所有制为基础的全国性合作社的重要组成部分。

第三，合作社存在基础的多样性，即合作社既可以建立在土地国家所有的基础上，也可以建立在土地集体所有的基础上。早在 19 世纪中期，马克思、恩格斯曾在《中央委员会告共产主义者同盟书》一文中明确反对土地私有制，并提出土地国有化的主张。在《论土地国有化》一文中，马克思再次强调，土地国有化是符合经济发展的本质规律，是促进无产阶级解放的必然选择，"社会运动将作出决定：土地只能是国家的财产。把土地交给联合起来的农业劳动者，就等于使整个社会只听从一个生产者阶级摆布"。①

但是，随着革命实践的深入，马克思、恩格斯关于土地问题的认识发生了转变，鉴于土地对于农民具有特殊的重要意义，他们认为一律实行土地国家所有是不合时宜的，应当具体情况具体分析，特别是在小农占比较大的国家和地区，应当根据实际的农村阶级关系与土地制度，适当地采取土地公有的举措，旨在"为了社会的利益，必须把地产变成共同的、国家的财产"。② 这样，一方面可以对小农的小块土地直接实现"合作社生产和占有"，另一方面也可以在保证土地国家所有的前提下，"把大地产转交给（先是租给）在国家领导下独立经营的合作社"。③ 概言之，不论是实行土

① 马克思恩格斯选集（第3卷）[M]. 北京：人民出版社，1995：129.
② 马克思恩格斯选集（第2卷）[M]. 北京：人民出版社，1995：630.
③ 马克思恩格斯选集（第4卷）[M]. 北京：人民出版社，1995：675.

地国家所有，抑或是实行土地集体所有，马克思、恩格斯都主张将土地的实际占有权、支配权、使用权与经营权交予合作社。

诚然，由于时代与实践发展的局限性，马克思、恩格斯关于农村集体经济的一些思想认识是抽象化、理想化的预见和设想，并且部分理论观点是以消灭商品经济作为基础前提的，使得农村集体经济本身承载了太大、太多的政治期望与使命。但是，我们必须承认，他们关于农村集体经济发展的必然性、原则性等基本问题的理论诠释，以及通过合作化道路将个体农民吸纳至社会主义公有制经济体系中的理论主张，这些无不散发着璀璨的真理光芒，为我们充分发挥农村集体经济的积极作用提供了方法论原则、指明了正确方向。当前，中国仍处于社会主义初级阶段，面临的发展环境与经济结构更为复杂，"集体所有制已经不仅仅存在于过渡时期，而是成为了具有旺盛生命力的社会主义公有制形式之一"①。因此，我们更应坚持马克思主义理论的基本原则与我国的基本国情和现实实践有机结合起来，努力探索创新多元化的有效实现形式，不断适应生产力的发展水平与市场经济的发展要求，持续推动中国农村集体经济的发展壮大。

二、列宁的农民合作社思想

列宁在领导俄国革命、建设的过程中，结合俄国的基本国情，针对小农国家如何向社会主义过渡的问题提出了一整套计划，形成了较为系统的农民合作社思想。他第一次把合作社称为集体经济，主张通过发展合作社实现对小农的社会主义改造，并把农民合作社视作社会主义公有制经济的重要形式。这一理论不仅为俄国小农实现社会主义改造提供了全新的道路，也为之后的社会主义国家农村合作经济实践奠定了重要的理论基础。

1. 农民合作社的本质属性及其重要意义

关于农民合作社的本质属性及其重要意义，列宁的认识是逐步深化

---

① 左理. 试论马克思主义集体所有制理论的形成和发展 [J]. 兰州大学学报，1982（4）：121.

的，经历了一个转变过程：由最初对合作社持否定态度，转而把合作社视为社会主义应当加以利用的资本主义遗产，继而把合作社作为小生产向社会主义过渡的中间环节，最后则把合作社作为社会主义的重要组成部分。

在俄国十月革命前到十月革命胜利初期，列宁认为，从经济成分上看，当时的合作社体现的是资本主义经济关系，显然与社会主义发展道路是背道而驰的。"无视这一明显的真理，便是干蠢事或犯罪。"[①] 同时，在他看来，能否顺利实现小农经济向社会主义经济转变、引导广大农民走上社会主义道路，对于整个国家的命运与社会主义的成败具有决定性意义。因此，在战时共产主义时期，面对俄国经济文化相当落后、小农生产效率低下的基本国情，为了从根本上变革社会生产关系、加快提高社会整体生产力，列宁提出了农业集体化的共耕制，并强调这是摆脱小农经济弊端的唯一出路。具体而言，"共耕制"是指土地、农具和牲畜实行公有，整个集体共同耕作、集中经营、统一分配的农业合作经济形式。其中，"农业公社""共耕社"和"劳动组合"是主要组织形式。然而，这一制度被实践证明行不通，因严重脱离俄国农村实际而导致收效甚微，不少组织名存实亡，甚至"处于名副其实的养老院的可怜状态"。

清醒认识到这些矛盾和问题后，1921 年列宁开始改行新经济政策，并对农民合作社的发展予以热切关注。随着实践发展，列宁对农民合作社性质的认知产生了新变化。他指出合作社不再是单纯的资本主义性质，而是类似于国家资本主义，它是联结小农与国家的关键纽带，也是组织农民参与社会化生产的可行途径。这一阶段，列宁在深刻分析社会发展实际的基础上，指出"资本主义因素"是暂时不能清除的。换言之，从小农经济直接过渡到完全取消商品经济的、社会主义的大经济是不现实的，必须通过中间环节。1921 年 4 月，列宁在《论粮食税》中明确指出，俄国应当利用资本主义（特别是要把它纳入国家资本主义的轨道）作为小生产和社会主义之间的中间环节，逐步引导农民从单个生产走向集体经济，这是提高国内生产力水平的有效途径和方式。列宁不再将商品经济与建设社会主义对

---

① 列宁选集（第 4 卷）［M］. 北京：人民出版社，1995：507.

立起来，并对社会主义条件下发展商品经济的重要意义予以肯定。在他看来，商业是资本主义的，但它又是千百万小农与社会主义大工业经济之间唯一可能的经济联系。因此，他主张鼓励恢复和发展农民个体经济，并提出将工农联盟建立于市场关系之上。

实践上，由于新经济政策时期集体经济政策的推行，社会生产力水平大幅提升，人民生活质量和生活水平明显提高。客观而言，在众多经济组织形式中，合作社对俄国农村社会主义改造和建设发挥了不可替代的巨大作用，这也使得列宁对农民合作社的认识与态度发生了根本性的转变。列宁指出："合作社的发展也就等于社会主义的发展，与此同时我们不得不承认我们对社会主义的整个看法根本改变了。"① 在他看来，农民合作社是实现农民合作化的重要载体，由于其存续历史已久，并为俄国广大农民所熟悉和习惯，同时适应于当时的社会生产力水平，因而更能成为改造小农经济、引导农民走向社会主义的有效组织形式。

基于对现实的反思，列宁对农民合作社的性质进行重新判断和界定，将合作社作为社会主义的重要组成部分，即纳入社会主义的经济关系，并在此基础上形成了一个较为完整的农民合作理论。面对当时苏联部分人的强烈反对，认为合作社的发展是恢复私有制，列宁明确指出："在我国现存制度下，合作企业与私人资本主义企业不同，因为合作企业是集体企业，但与社会主义企业没有区别，如果它占用的土地和使用的生产资料是属于国家即属于工人阶级的。"② 这一深刻论述说明了当时俄国农民合作社具有的企业属性与社会性质：一方面，合作社是集体企业，区别于国有企业、个体或私营经济性质；另一方面，合作社的社会性质取决于其所依存的社会经济制度。列宁认为，在无产阶级取得政权的社会主义社会中，农民合作社是由广大劳动人民所组成的集体企业，其占有的生产资料与土地归属于社会主义国家所有，因此合作社不仅本质上具有社会主义性质，同时也是农村集体经济的重要实现形式。

① 列宁全集（第43卷）［M］. 北京：人民出版社，1987：367.
② 列宁选集（第4卷）［M］. 北京：人民出版社，1995：772.

2. 发展农民合作社的基本要求

第一，在思想上，要充分认识发展农民合作社工作的长期性。列宁指出，农民合作社的发展不能一蹴而就，必须经过整整一个历史时代。"在最好的情况下，我们度过这个时代也要一二十年。"① 在列宁看来，实现农民的合作化，是一个丰富物质基础、提升文化水平，实现物质文明与精神文明同步发展的循序渐进的历史过程。列宁指出，完全合作化的实现，不仅需要相当发达的物质基础，也需要文化方面的支撑，要改造广大农民的心理习惯，"无论如何要有几十年的时间才行"②。因此，在改造小农让其参加合作社的过程中，绝不能操之过急，急躁冒进，不能采取强制的行政命令或法律手段快速推进，单靠忠告建议和书本知识同样也是不可行的。只能采取谨慎的方法，依据农村和农民的具体情况，有计划、有安排、有步骤地发展合作社，利用成功的范例加以引导，通过利益诱导让农民自愿加入。

第二，在政策上，国家应当给予积极扶持。列宁号召国家要大力扶持和帮助集体企业的发展壮大。一方面，国家应当在各种经济政策方面为合作社提供"名副其实的支持"。不仅是一般性、经常性的宣传鼓励与行政举措，更应首先给予资财上的优待，列宁强调要在财政政策、金融政策等方面给予合作社更多的优惠。这样，既可以为合作社的存续发展提供必要的物质基础，又可以为合作社抵制私人资本提供可靠保障，通过切实有效的途径将合作社纳入整个国民经济体系，使其服从国家计划调节，最终使合作社成为社会主义的经济成分。另一方面，列宁还主张国家更加重视对合作社、参加合作社的农民以及合作社工作者的奖励，以进一步激发他们的主动性与积极性，从而促进合作社的稳健运转。

第三，在具体措施上，坚持农民自愿原则，反对强制性的行政命令。早在1903年，针对资产阶级散布的共产党人想夺取中农和小农的财产这一谣言，列宁多次强调，改造农民、推动合作社的发展，都必须是基于小生

① 列宁全集（第43卷）[M]. 北京：人民出版社，1972：686.
② 列宁专题文集　论社会主义 [M]. 北京：人民出版社，2009：204.

产的自愿联合这一基础上的，绝不能通过行政手段与行政命令施以强迫。为了让所有人都自觉自愿参与合作社，应当尽可能采取让农民感到简便易行的办法，使农民真正了解参加合作社的优势与好处，让农民易于接受改造并走上合作化道路。

列宁认为，能否坚持自愿性原则是促进合作社健康稳定发展的决定性因素。对合作社工作实际成效的评价，主要不是在于其规模或数量，而是在于农民的自觉程度，即农民是否真心自愿乐意，这一点涉关合作社建立的质量问题。同时，列宁还深入阐析了合作社发展坚持农民自愿的可能性。他认为，合作社成立历史较早，在农村地域已经为农民所接纳和习惯，因而完全可以践行自愿性原则，通过奖励和示范效应，用经济利益去引导农民，吸引他们加入各种形式的合作社。反之，如果不考虑农民的切身利益而对农民加以强制暴力，就是"干蠢事"和"自杀"。

第四，注重文化教育工作，不断提高农民的文化水平。列宁一直非常重视对农民进行文化教育，他认为在农民中间开展文化教育工作，有助于农民与大生产条件下的大机器相结合，从而推进社会生产力的加速发展。在他看来，实现农民合作化的过程，不仅是对农村经济的改造过程，也是农村文化的变革过程，即提高农民文化水平和文明程度，促进农民知识化的重要过程。作为文盲的农民既无法适应农业现代化生产，更不可能成为"文明的合作社工作者"，因而不能够经由合作社进入社会主义。当时的苏俄农民中文盲占比达70%以上，鉴于这一社会现实，列宁明确提出，要实现全体居民的合作化，"需要有全体人民群众在文化上提高的一整个阶段"。① 他指出，通过加快对农民的文化教育工作，努力提高农民的精神文化素养和思想觉悟，提升农民的经济知识水平与管理才能。

3. 农民合作社形式的多元化

经过系统地研究与分析俄国农村经济发展的阶段性特征，列宁指出农民合作社的发展在不同环境下会受到不同影响，因此合作社的具体经营方

---

① 列宁选集（第4卷）［M］. 北京：人民出版社，1995：770.

式不能够也不应当拘泥于某种特定的模式，而应采取丰富多样的经营模式。

第一，为了更好地适应社会主义农村的经济建设，应当根据社会实践的不同环节建立和发展不同种类的农民合作社。面对当时俄国的国情、农情，列宁主张优先发展流通领域的合作社。根据他的设想，首先在流通领域把农民组织起来，让广大农民体会到合作社的优越性，待到条件成熟，社会生产力快速发展，农民文化素质水平和集体意识大幅提高，且具备较好的经济管理能力时，再逐渐引导农民在生产领域进行合作，进而推动合作社在各个领域的全面发展。之所以选择这种先易后难、循序渐进的发展路径，究其原因，可以概括为：其一，流通环节的合作社的集体化程度不高，它尊重和维护农民的私人财产权，符合马克思主义关于绝对不能剥夺农民的原则，既能够与苏俄的社会生产力水平相适应，又能够与农民当时的思想认识水平相适应，符合农民自身的意愿与利益，易于在实践中取得成功；其二，农民在参加这种合作社后可以摆脱过去长期存在的贱卖贵买的双重剥削，从而有效激发他们参与的积极性；其三，流通环节的合作社有助于把农业与工业、农村与城市、农民与市民紧密联系起来，进而推动农业、农村和农民的社会主义改造。

第二，流通环节的合作社形式也应是多元化的，譬如供销合作社、信贷合作社、消费合作社等多种类型。农民加入这些合作社时只需要缴纳少量的入社费与股金（股金仍归个人所有）。这种经营方式考虑到了农民的经济承受能力，同时可以较好地保留农民生产习惯，使其可以利用合作社积极开展购销活动，有效降低生产和交换中的成本费用，从而提高农民个人的经济收入。

另外，列宁还提出，不论农民合作社采用哪一种形式，其实质都是在关心农民切身利益的基础上，让农民的个人所有权利益在集体利益中得到充分体现，实现农民的个人利益与国家利益的有机结合。"必须把国民经济的一切大部门建立在对个人利益的关心上面。"[1]

---

① 列宁全集（第33卷）[M]. 北京：人民出版社，1957：51.

由此可见，农民合作社形式的多元化有益于广大小农通过各种渠道与社会大生产、大工业紧密联结，在促进商品经济发展的同时引导农民走上社会主义道路。这样，分散小农在生产和交换活动中也有了一定的计划性，有助于改善和提高国家利益与农民利益。同时，国家也可以利用经济杠杆对农业合作社进行间接调节，将其纳入整个国民经济体系，最终使之成为社会主义的经济成分。

总而言之，列宁的农民合作社思想是对马克思、恩格斯关于农村集体经济的思想的进一步丰富和发展。一方面，列宁继承了马克思、恩格斯的理论思想，主要体现在：都把合作社视作农村集体经济的一种重要实现形式，强调其对于改造小农经济，指引农民走向社会主义道路的战略意义；主张坚持农民自愿性原则；号召国家鼓励和扶持农民合作社的建立和发展；充分尊重和保障农民的切身利益。另一方面，在新的历史条件下，列宁立足于俄国小农占比较多、经济文化不发达的实际国情，从理论和实践两个层面进行了创新性的发展，主要体现在：突破了马克思、恩格斯仅就生产领域研究农业合作的范畴，还主张优先发展流通领域的农业合作社；突破了单一的公有制才是社会主义的认识，提出集体所有制与个体所有制相结合的农业合作社也是社会主义性质的；同时把合作社和商品经济联系起来，认为在无产阶级掌握国家经济命脉的前提下，通过商品交换来发展经济；提出不同社会制度下合作社具有不同的性质；文明的合作社制度就是社会主义制度；必须高度重视对农民的文化教育；等等。不可置否，这一系列理论观点与方法论对于当今我国农村集体经济建设仍具有非常重要的指导价值。

三、斯大林农业集体化思想

20 世纪 20 年代末到 30 年代初，苏联面临着国外战争威胁和国内经济窘困的双重压力。针对如何改造小农的问题，斯大林提出了农业集体化理论，主张苏联在农业上实行全盘集体化。他强调农业集体化不仅是当时社会形势的现实需要，也是推动国家工业化发展和加快建设社会主义的客观要求。1927～1928 年，为了化解粮食收购的危机，斯大林将农村和农业合作经济的思想上升为农业集体化道路的集体农庄实践，成为全面集体化的推行者与实践者。具体而言，斯大林的农业集体化理论主要包括以下内容：

1. 集体农庄是实现农村集体经济的主要形式

关于粮食收购危机的爆发，斯大林分析指出，其主要原因是当时国内农业发展的落后性，大部分受分散的小农生产所支配，以及富农对粮食的囤积行为。为了化解这一危机、摆脱农业的被动局势，斯大林主张将落后的、分散的、不确定性的农户小生产转变为以先进的科学技术为基础的大生产农庄，即实现个体农民经济向集体公共经济过渡，从而切实有效地提高农民的整体生产效率，扩大粮食产量，增加农民收入，促进社会稳定。

斯大林强调，根据国内发展的现实状况，要加快现代化农业的发展步伐，为工业化发展提供重要的物质基础，就必须不失时机地全面推进农业集体化运动，集体农庄则是实现这一目标的最优选择。在他看来，集体农庄不仅是"农村社会主义改造的杠杆"，也是"用社会主义精神改造农民、改造农民心理的主要基地"[①]。

集体农庄主要有三种类型，即劳动组合、农业公社及共耕社。在农业公社条件下，全部生活资料与生产资料公有化，同时实行按需分配，但当时的发展条件尚未成熟；共耕社条件下，生产资料的公有化程度偏低，共同劳动具有临时性，也不适合于当时苏联农村的发展实际。因此，斯大林主张重点发展劳动组合类型，并把农业劳动组合作为当时集体农庄的主要形式。他进一步强调，农业的劳动组合，即"集体农庄道路即社会主义道路对于劳动农民是唯一正确的道路"。[②]

关于集体农庄与合作社的关系，斯大林指出，集体农庄与合作社是新经济政策实施的两个阶段。"在新经济政策的第一个阶段，由于工业落后，工农、城乡之间主要靠商业交换联系起来时，供销合作社是主要的社会主

---

① 斯大林选集（下卷）[M]. 北京：人民出版社，1979：227.
② 斯大林选集（下卷）[M]. 北京：人民出版社，1979：320.

义经济形式；而在新经济政策的第二个阶段，即国家开始工业化，用重工业联系工农、城乡时，集体农庄则成为主要的社会主义经济形式。"① 推行列宁的合作社计划，就是要把农民引导至集体农庄的道路，把农民在销售和供应领域的合作扩展至生产领域，组织建立生产合作社，这是克服农业中资本主义成分和提速农业发展步伐的主要途径。不难看出，在斯大林看来，合作社是集体经济最简易的低级形式，应当采取各种有效举措向高级形式即集体农庄过渡。在这一思想的指导下，1929～1931年，苏联大大加快农业集体化步伐，广泛开展了将个体小农私有经济转变为社会主义大集体经济的农业全盘集体化运动。

2. 集体农庄的实现条件

第一，打击与消灭富农。斯大林认为，要彻底化解粮食收购危机，全面推进集体化运动，走上集体农庄道路，不能仅仅依靠农民简单地、和平地加入集体农庄，必须"扑灭富农的反抗""我们已经从限制富农剥削倾向的政策过渡到消灭富农阶级的政策"。② 虽然消灭富农的确具有其必然性，但在实践措施和运动方式上较为激进，甚至误伤了不少无辜者，包括一部分中农，这不仅败坏了农业全盘集体化运动的声誉，致使中农参与集体农庄的积极性和主动性大幅降低，也在很大程度上影响了工农联盟的稳定性。

第二，采取行政手段。斯大林强调，必须加快集体化速度，苏维埃政权和社会主义"决不能无止境地即过于长期地建立在两个不同的基础上，建立在规模最大的联合的社会主义工业的基础上和最分散最落后的小商品农民经济的基础上"③。此后，苏联农业集体化运动迎来高潮，为了全面快速地推进集体农庄的实行，一些地方政府甚至采取了强制命令的方式。譬如为了快速把分散的个体小农经济直接转变为集体经济，强迫农民实行牲畜、家禽、住宅的公有化，采取"非常措施"强力推进农业全盘集体化。

---

① 曹英伟. 斯大林农业集体化思想合理性分析 [J]. 马克思主义研究，2007 (6)：64－70.
② 斯大林选集下卷 [M]. 北京：人民出版社，1979：228.
③ 斯大林全集（第11卷）[M]. 北京：人民出版社，1955：218.

这种疾风暴雨式的运动显然违背了改造小农"自愿"的基本原则，致使农民对集体化运动产生了较强烈的反感和抵触。同时，这种脱离实际人为提升生产关系的运动也违背了农业经济发展的客观规律，忽视了农村生产力实际，最终不利于农村集体经济的健康发展。

综上所述，斯大林农业全盘集体化运动是在列宁的农业集体化基础上全面展开的。不可否认，在这一思想的指导下，苏联集体农庄的推行和农业全盘集体化运动取得了较为显著的成就，尤其是在巩固苏维埃政权，完成工业化的历史任务和农业社会主义改造方面发挥了重要作用，主要体现在：通过这一运动，集体农庄的物资技术装备在较短时期内获得了极大提升，这为苏联现代化农业的发展奠定了物质基础；国内农业经济得以快速恢复，并在较短时间里实现了国家工业化与现代化；实现了农业社会主义改造的预期目的，初步建立了社会主义大农业的生产组织体系，形成了合作社集体农庄所有制的框架体系。理论层面，斯大林对社会主义集体经济理论也作出了独创性的历史贡献，提出了一系列创举，诸如实行土地资源公有；实行按劳分配和按人口分配相结合等；允许集体农庄中的个体（副业）经济存在和发展；在大规模集体生产中实行个人或集体承包责任制度；等等。这些制度安排为其他社会主义国家建设和发展农村集体经济提供了有益启示。

然而，斯大林关于农业社会主义改造的思想观念与集体经济实现形式的实践探索存在很大的局限性与盲目性。首先，在社会主义所有制观念上，斯大林忽视了所有制中公有化程度的高低归根结底取决于生产力的发展程度，而是错误地认为又"大"又"纯"的生产资料公有制形式才是社会主义，导致人为提升所有制关系，一味追求生产资料公有化程度的拔高，并把非公有制经济形式视作社会主义的对立物，力图对其进行彻底改造，从根本上制约了农村集体经济效益的积极发挥，最终导致集体农庄所有制制度走向僵化；其次，斯大林把特殊历史时期的"非常措施"转化成合作社集体农庄的制度安排，造成苏联集体农庄的"劳动组合化"，极大地束缚了合作社集体农庄所有制的发展活力；再次，在集体化运动中，斯大林并未依据各地具体情况实行因地制宜，而是盲目推行单一、僵化的实现形式，甚至在条件不成熟之时，企图一步跨越到农业公社形式，严重脱离了苏联当时的农业发展水平；更为重要的是，在强制推行农业集体化的过程中，这一运动偏离了农村集体经济发展的本质目的，违背了尊重和维护农民利益这一核心原则。以上历史实践充分说明，社会主义农村集体经济的发展必须立足于基本国情，并与生产力发展的实际水平相适应，不能无视生产关系与生产力发展的辩证关系，更不能将集体经济实现形式的变迁演变成为社会运动，必须坚持以保护和发展农民的经济利益为价值旨归。

第二节　中国化马克思主义农村集体经济理论

中国共产党人始终秉承一脉相承的理论品质，并结合中国国情、农情不断突破、不断创新，在马克思主义经济理论中国化的历史进程中形成了丰硕的理论成果。这些宝贵的理论结晶为指导我国农村集体经济的具体实践，走中国特色社会主义乡村振兴道路提供了可靠依据。

一、毛泽东农村集体经济思想

中国是一个传统的农业大国，如何在小农经济占主导、农业人口占绝大多数的条件下实现农业的社会主义改造与现代化，领导广大农民走上社会主义集体化道路？这无疑是不可回避的重大历史课题。以毛泽东为代表的中国共产党人，从中国的具体国情出发，针对农业国的工业化和农业现代化问题进行了艰辛探索。毛泽东结合农村调研和社会主义建设的现实实践，全面深入地研究和阐析了构建社会主义农村集体经济的道路选择、基本原则与方法等重大理论问题，为当时中国农村集体经济的发展指明了前进方向。

1. 合作社是发展农村集体经济的重要途径

抗日战争时期，毛泽东撰写了三篇关于合作社的文章，分别是《关于发展合作社》《论合作社》与《组织起来》。他曾在《组织起来》一文中提出："目前我们在经济上组织群众的最重要形式，就是合作社。"[①] 基于对基本国情的深刻把握，毛泽东认为要改造小农经济，改善广大农民群众的经济状况，提高其政治地位，发展社会主义集体经济的理想途径是建立农业合作社。

第一，关于农业合作社的性质。早在 1927 年，毛泽东就曾强调，为了帮助农民彻底消灭农业领域中的资本主义倾向，必须加强无产阶级对中国农民合作社的领导，不可对其放任自流，各自为战。1943 年，毛泽东在《组织起来》一文中指出，从经济角度看，农民合作社是在尊重农民私有财产基础之上建立起来的，因而抗日战争时期的合作社是具有社会主义因素的新民主主义性质的集体互助组织；从政治角度看，它是抗日民族统一战线政策的一种表现形式，农民、地主、工人、资本家都能够加入，这样的合作社具有人民大众的性质。

1949 年中共七届二中全会召开，毛泽东提出了要通过合作社把个体经济引导上集体化和现代化道路的任务，"占国民经济总产值百分之九十的分散的个体的农业经济和手工业经济，是可能和必须谨慎地、逐步地而又积极地引导它们向着现代化和集体化的方向发展的，……这种合作社是以私有制为基础的，在无产阶级领导的国家政权管理之下的劳动人民群众的集体经济组织。"[②] 由此可见，这时的合作社是建立在个体经济基础之上的，虽然并不是完全的社会主义性质，但由于合作社的实际领导者与管理者是无产阶级领导的国家政权，因此它是具有社会主义萌芽的、半社会主义性质的经济成分。在毛泽东看来，新民主主义经济"必须是由国家经营、私人经营和合作社经营三者组成的"[③]。这说明合作社经济是新民主主义经济形态的重要组成部分，是保证新民主主义社会过渡至社会主义社会的经济因素。新中国成立以后，毛泽东制定了"三步走"的农业合作化发展道路，其中体现了他对合作社性质及其形式的定位，即"具有社会主义

---

① 毛泽东选集（第 3 卷）[M]. 北京：人民出版社，1991：931.
② 毛泽东选集（第 4 卷）[M]. 北京：人民出版社，1991：1432.
③ 毛泽东选集（第 3 卷）[M]. 北京：人民出版社，1991：1058.

萌芽的互助组→具有半社会主义性质的初级合作社→具有完全社会主义性质的高级合作社"。

第二,关于农业合作社的作用及其意义。随着革命的不断发展与社会建设的需要,毛泽东对农业合作的重要性的认识不断深入,主要从经济层面和政治层面阐述了农业合作社的作用及其意义。经济层面上,毛泽东认为合作化运动是小农经济走向社会主义的必由之路。他强调:"建设在个体经济基础(不破坏个体的私有财产的基础)上的劳动互助组织,即农民的农业生产合作社,是非常重要的,只有这样,生产力才可以大大提高……这样的改革,生产工具根本没有变化,生产的成果也不是归公而是归私的,但人与人的生产关系变化了,这就是生产制度上的革命。这是第二个革命。"① 政治层面上,毛泽东曾明确强调:"对于农村的阵地,社会主义如果不去占领,资本主义就必然会去占领"②,并指出合作社"是人民群众得到解放的必由之路,由穷苦变富裕的必由之路,也是抗战胜利的必由之路"③。

新中国成立后,为了尽快恢复国民经济,巩固新生政权,中国共产党领导和组织人民完成了土地改革,实现了"耕者有其田",农民劳动生产的积极性被调动起来。但是,分散、脆弱、不稳定的农业个体经济既不能满足工业发展对农产品的需求,导致生产矛盾激化,不断拉大农村的贫富差距。针对这一问题,毛泽东主张只有把农民组织起来发展农村互助合作,才能发展生产,走向共同富裕。"在任何地区,一经消灭了封建制度,完成了土地改革任务,党和民主政府就必须立即提出恢复和发展农业生产的任务,将农村中一切可能的力量转移到恢复和发展农业生产方面去,组织合作互助"。④ "从解决这种供求矛盾出发,……个体所有制必须过渡到集体所有制,过渡到社会主义。"⑤ 此时,毛泽东意识到,合作化道路是把

---

① 史敬棠. 中国农业合作化运动史料. 上册 [M]. 北京:三联书店, 1957:340.

② 史敬棠. 中国农业合作化运动史料. 下册 [M]. 北京:生活·读书·新知三联书店, 1959:67.

③ 毛泽东选集(第3卷)[M]. 北京:人民出版社, 1991:932.

④ 毛泽东选集(第4卷)[M]. 北京:人民出版社, 1991:1316.

⑤ 毛泽东文集(第6卷)[M]. 北京:人民出版社, 1999:301.

农民个体经济逐步转变为社会主义集体经济的重要途径。因此，他积极倡导农业合作经济的发展，把建立农业合作社作为引导广大农民走上社会主义道路的重要任务，并提出了社会主义建设总路线，"总路线就是逐步改变生产关系"，要求全党把构建农业互助合作的工作放在重要位置。

第三，关于农业合作形式的多元化。毛泽东主张积极发展合作经济的多种形式和多种层次，他认为农业合作不仅仅局限于流通领域，在生产领域也应当积极发展合作经济的各种形式，这些合作形式相互联系、相互促进，在生产合作的基础上把农村的经济活动与国家的经济建设计划联结起来，逐步实现小农经济的改造。譬如变工、扎工、合牲等，组织农民进行互助合作，发展生产；既要发展专门从事生产、消费等业务的专业性合作社，又要发展综合性合作社。这些合作社的发展形式虽各有不同，但共同目的一致，旨在把广泛农民群众组织起来，以保障战争供给，发展农村生产，进而实现农民的解放和共同富裕。

可以看出，合作社理论是毛泽东农村集体经济思想中的闪光之处。合作经济的发展不仅是克服小农经济内在弊端，走向集体化的必然选择，也为中国革命和经济建设事业提供了必要的物质保障，是马克思主义基本原理与中国农村实际相结合的现实体现。毋庸置疑，在当时的历史条件下，利用合作社建设和发展农村集体经济是十分必要的。无论是新民主主义革命的胜利，还是农业社会主义改造的成功，合作化运动都作出了不可磨灭的伟大贡献。客观而言，土地改革与农业合作化的完成，使得中国广大农民真正摆脱了传统土地私有制的束缚，建立了生产资料社会主义的集体所有制，促进了农村生产力的发展，农业生产条件也发生了前所未有的巨大变化，包括大规模的水利灌溉等农田基础设施的修建以及农业机械的利用与农业科技的推广。但自1955年夏季以后，对农业合作化改造的要求过急、工作过粗、形式过于简单等问题日渐突出。不久之后，人民公社运动的掀起又使得中国的农业合作化运动遭遇严重挫折，随着集体经济组织的盲目扩张，组织内部的激励机制逐渐失效，这种分配上的高度平均主义无法持续形成利于农业生产的激励，导致农村生产力和集体经济发展受阻，妨碍了社会主义优越性的发挥。

2. 农村集体经济的发展步骤及其实现形式

在建立农村集体经济的过程中，为了避免大的社会震动，逐步提高农民的觉悟，使他们能够更好地适应形势变化，毛泽东提出可以根据社会主义改造的不同阶段，实行由低到高不同类型的农业合作社形式，分为"三步走"逐步构建农村集体经济。具体而言：首先，是在自愿互利的原则下，组织建立带有社会主义萌芽的农业生产互助组；其次，在互助组的基础上，号召农民组织以土地、农具、牲畜入股和统一经营为特点的带有半社会主义性质的农业生产合作社——初级合作社；再次，在生产发展和农民觉悟大幅提高的基础上，进一步实行土地和主要生产资料集体化、按劳分配的、组织大型的、完全社会主义性质的农业生产合作社——高级合作社，为促进共同富裕的实现奠定厚实基础。毛泽东认为，一般情况下，农业合作社应当遵循上述步骤逐步建立起来。特殊情况下也可以走直路，直接搞合作社。在合作社的组织建立过程中，随着其合作化程度的不断增强，表明其社会主义属性的逐渐强化。

另外，毛泽东还提出，社会主义的农业改造即农业合作社的发展应当与社会主义工业化的发展相适应。他强调："我们对于工业和农业、社会主义工业化和社会主义的农业改造这样两件事，绝不可以分割起来和互相孤立起来去看，绝不可以只强调一方面，减弱另一方面。"①

基于对不同类型的合作社性质的判定，农村集体经济的实现形式也不断变化。毛泽东认为，互助组是在不触及私有财产、不破坏个体经济的基础上建立起来的劳动互助组织，因其稳定性不高，组织内部成员调组、重新分组等现象多有发生，所以有必要在时机成熟之时引导农民由互助组向初级合作社发展。在中央的政策引导下，高级社逐渐成为我国农村集体经济的实现形式。在高级社中，社员集体劳动，主要生产资料（包括土地）实行有偿或直接转变为集体所有，统一实行按劳分配，取消按照土地和其他生产资料入股所得报酬。1958年，毛泽东提出了赶超策略，并指出"一

① 毛泽东文集（第6卷）［M］. 北京：人民出版社，1999：432.

大二公的公社有极大的优越性，是我们的农村由社会主义的集体所有制过渡到社会主义的全民所有制的最好的形式，也是我们由社会主义社会过渡到共产主义社会的最好的形式"[①]。与此同时，受"公有制程度越高，生产组织规模越大，越有利于经济发展"观念影响，农村中开始出现将高级社合并为大社。在人民公社条件下，土地等主要生产资料高度集中，甚至社员的自留地和自养牲畜也全部归属集体所有，实行统一生产，统一经营、集体劳动、平均分配。

概言之，以毛泽东为代表的中国共产党人运用马克思列宁主义的基本原理，利用合作社的方式把分散、落后的小农经济组织起来，大力发展农村集体经济，探索出一条适应我国农业发展的社会主义道路。20世纪50年代，中国共产党领导的土地制度改革为中国农村集体经济发展注入了新的动力，其根本目的是解决土地所有权问题，彻底废除封建所有制，实行"耕者有其田"。基于此，为了解决劳动力、耕畜以及农机具等生产物资等匮乏的问题，通过开展互助合作把广大农民组织起来，进一步扩大生产规模，提高了农业生产效率。可见，初级合作化道路是中国农村集体经济发展的雏形模式。但是，在后来的发展进程中，由于对我国国情存在一定程度的误判，尤其是忽视了农业生产力水平较低且发展不均衡的特点；同时片面夸大生产关系对生产力的反作用，人为抬高农业集体化的发展速度，忽视了生产力发展的阶段性和层次性，导致农村集体经济的实现形式趋于固定僵化，人民公社一度成为农村集体经济的唯一实现形式。尽管这一实现形式对加强农田基础建设、提高农业机械化水平等发挥了积极作用，但却脱离了当时中国发展的实际，最终制约了农村集体经济的发展活力。

3. 发展农村集体经济的基本原则和方法

结合合作化运动的实践发展，毛泽东深度思考了发展农村集体经济的基本原则和方法，并提出了一系列理论观点，主要包括以下几点：

---

① 中共中央文献研究室. 建国以来重要文献选编（第12册）[M]. 北京：中央文献出版社，1996：127.

第一，要坚持数量与质量的辩证统一。在领导农业合作化运动的实践过程中，毛泽东强调农业合作社的发展必须始终坚持数量和质量的统一，努力做到二者兼顾。他指出绝不能只注重合作社数量的增长，而忽视质量的提升、更进一步，检验所有合作社是否健全的主要标准，在于其是否增产以及增产的程度。

第二，要坚持循序渐进，避免急躁冒进，保持适当的发展步速。毛泽东分析指出，这一阶段的农民有两个积极性：其一是作为个体经济的农民自发走资本主义道路的积极性；其二是作为劳动者的农民自愿选择互助合作并接受共产党的领导走社会主义道路的积极性。对待前者不能采取忽视或者粗暴方式，而是分步骤地将农民的个体积极性引导至互助合作的积极性。同时，他在实地调查研究的基础上，还强调发展农业合作社必须不断完善经营管理体制，针对如何有效提高合作社的经营管理水平的问题，提出了诸如厉行勤俭办社，坚持自力更生，重视农业生产合作社内部的经济核算等办法。

第三，要坚持自愿互利、国家扶持、引导示范的原则。在领导农民互助合作的过程中，毛泽东坚决反对一切强制性的、命令主义的方法，主张秉持自愿互利的基本原则，即农民是否加入合作社必须尊重其本人的选择，应当通过思想教育和典型示范的方法提高农民的觉悟，采取群众自觉自愿的方法，绝不能进行强迫式命令。1943 年，毛泽东在《论合作社》一文中指出："合作社的性质，就是为群众服务，这就是处处要想到群众，为群众打算，把群众的利益放在第一位。"① 毛泽东认为，在合作化运动中，坚持农民自愿是推动互助合作运动稳步前进的关键环节，在实践中必须尊重和保护农民利益，始终把群众的利益放于首位。另外，毛泽东还重点强调必须正确对待和妥当处理国家税收、合作社积累以及农民个人收入之间的关系。② 在构建农村集体经济过程中，反对命令主义或简单从事的

① 中共中央文献研究室. 建国以来重要文献选编（第 5 册）[M]. 北京：中央文献出版社，1993：409.
② 史敬棠. 中国农业合作化运动史料. 下册 [M]. 北京：生活·读书·新知三联书店，1959：984.

方法，主张在具体实践上通过农民的实际生活体验，发挥典型示范引导的作用，同时国家应当给予必要的资金援助，让农民真正在自觉自愿互利的基础上接受合作化。

遗憾的是，在社会主义建设实践中，这些原则和经验并未一以贯之地充分落实，甚至还出现了一定程度的偏离。尤其是在构建和发展农村集体经济的后期，譬如方法片面化、目标速成化、形式单一化等问题凸显。在人民公社这一实现形式中，生产关系的变革超越了生产力的发展要求和水平，超越了农民的思想觉悟水平及其经营管理能力。显然，在这种集体经济中，农户不仅既丧失了私人财产权，也丧失了独立经营权，他们的个人利益无法得到真正体现与维护。

总之，毛泽东思想中关于农村集体经济的思想是对马克思列宁主义经济思想的继承与创新。诚然，合作社运动确实存在着"急于求成"等失误和问题，但必须承认毛泽东关于发展农村集体经济的一些基本理论充分体现了社会主义的本质要求。正如邓小平曾指出，评价人物和历史，都要提倡全面的科学的观点。① 撇开历史的局限，这些宝贵的思想财富至今对于我们深化农村改革与探索农村集体经济发展道路仍具有深远的借鉴意义与现实价值。

二、邓小平关于农村改革和发展的"两个飞跃"理论

在毛泽东农村集体经济思想的基础上，邓小平坚持解放思想、实事求是，结合农村发展实际和实践基础，不断探索一条适合中国国情的农业现代化道路，提出了著名的"两个飞跃"理论。

1. 中国农村改革和发展的"第二个飞跃"是发展农村集体经济

"两个飞跃"思想是邓小平农村集体经济理论的集中体现。1990年，邓小平以战略家的眼光，高屋建瓴地提出"两个飞跃"的科学构想，为中国农村村级集体经济的发展道路描绘了一张理论蓝图。他指出："中国社

---

① 邓小平文选（第2卷）[M]. 北京：人民出版社，1994：244。

会主义农业的改革和发展，从长远的观点看，要有两个飞跃。'第一个飞跃'，是废除人民公社，实行家庭联产承包为主的责任制。这是一个很大的前进，要长期坚持不变。'第二个飞跃'，是适应科学种田和生产社会化的需要，发展适度规模经营，发展集体经济。这是又一个很大的前进，当然这是很长的过程。"① 邓小平认为，家庭联产承包责任制的实行是农村集体经济的具体经营方式上的改革，是中国农村改革和发展的"第一个飞跃"，而"第二个飞跃"则是发展集体经济，这是农村改革发展的总方向。同时，他也深刻透彻地认识到在我国实现农业的集体化与集约化需要一个长期过程。这一思想不仅充分表明了废除人民公社、实行家庭联产承包责任制的历史必然性、必要性与长期性，而且清晰地指明了将来实行高水平的、适应社会化大生产的适度规模经营，强调集体经济是我国农村改革和发展的正确方向。

应当强调的是，邓小平是把家庭联产承包责任制作为农村集体经济发展的特定历史阶段来认识的。他曾明确指出家庭联产承包责任制的产生有效地解决了当时人民公社内部缺乏有效激励机制的问题。同时，他也反复强调"第一个飞跃"即家庭联产承包责任制具有较强适应性与长期稳定性，是"统分结合、双层经营"中的其中一层，并对"第一个飞跃"的显著成绩予以肯定，主张通过实行以家庭联产承包为主的责任制，可以为农村社会经济持续注入新的活力与生机，进一步解放和发展农村生产力，实现农业生产的持续发展，进而为"第二个飞跃"即农村集体经济的发展奠定深厚基础和创造有利条件。

另外，邓小平也清醒认识到，农村集体经济发展的层次与水平仍然较低，随着社会生产力的不断提升，将会逐步过渡至高水平的集体化。1984年，在谈及集体经济是我国农业发展的总方向时，邓小平进一步指出："关于农业问题，现在还是实行家庭联产承包为主的责任制。……我以前提出过，在一定的条件下，走集体化集约化的道路是必要的。"② 究其实质，实现"第一个飞跃"即家庭联产承包责任制只是在社会主义经济制度

① 邓小平文选（第 3 卷）［M］. 北京：人民出版社，1993：355.
② 邓小平年谱（下）［M］. 北京：中央文献出版社，2004：1349.

内部进行的一种生产关系调整，未触及到社会主义在农村的经济基础，是低水平的集体化，而"第二个飞跃"则是进一步的延伸和拓展，是高水平的集体化。正如他所言："只要生产发展了，农村的社会分工和商品经济发展了，低水平的集体化就会发展到高水平的集体化，集体经济不巩固的也会巩固起来。"① 这种发展并不同于初级社过渡至高级社，更不是单纯提高所有制中公有化程度，而是促使集体经济的有效实现形式朝着更适应市场经济发展要求、更适应农村经济发展，更适应生产力的发展需要的方向上进一步跃升，最终实现"第二个飞跃"。

质言之，农村集体经济的发展是一条贯穿始终的主线。只有不断推动农村集体经济的稳健发展，才能使社会主义本质与优势在农村中真正得以彰显。着眼当下，我们已经实现了"第一个飞跃"，废除了"一大二公"的传统集体经济实现形式，实现了家庭承包经营责任制，但农村集体经济实力仍待提高，以土地为主的基本生产资料依然为集体所有，而在"统分结合"中"统"的存续与发展正是农村集体经济发展的体现。

2. 发展农村集体经济的重要意义

第一，发展农村集体经济是巩固社会主义制度的重要保障。在历经农业社会主义改造时期的互助组、初级社、高级社、人民公社以及农村改革之后的家庭联产承包责任制以后，集体所有制经济是社会主义制度在中国农村的经济基础。这是基于中国农村的基本国情和社会主义公有制的性质提出来的：其一，社会主义制度必须建立在公有制基础之上，而农村集体经济是社会主义公有制经济的重要组成部分。正如邓小平所言："社会主义经济以公有制为主体，农业也一样，最终要以公有制为主体。"② 其二，集体是农业经济活动的主体。生产资料集体所有制决定了农业的经济活动，如生产、分配、交换等主要由集体组织。1992 年，邓小平在审阅中共

① 邓小平关于建设有中国特色社会主义的论述专题摘编［M］. 北京：中央文献出版社，1992：87.
② 邓小平年谱（下）［M］. 北京：中央文献出版社，2004：1349.

十四大报告稿时曾明确指出："农村经济最终还是要实现集体化和集约化"。① 可见，发展农村集体经济是农村走社会主义道路的重要保障，这是邓小平在深度思考中国农村经济发展规律所得出的科学论断。

第二，发展农村集体经济是农民实现共同富裕的必由之路。邓小平提出："我们坚持社会主义道路，根本目标是实现共同富裕，然而平均发展是不可能的。过去搞平均主义，吃'大锅饭'，实际上是共同落后，共同贫穷，我们就是吃了这个亏。改革首先要打破平均主义，打破'大锅饭'。"② 也就是说要"一部分地区、一部分人可以先富起来，带动和帮助其他地区、其他的人，逐步达到共同富裕"③。农村集体经济的发展能够不断拓展广大农民的扩销增收渠道，也能够为他们提供必要的社会保障，发挥"先富"带动"后富"，走向"共富"的桥梁作用，从而让更多农民共享发展硕果。

第三，发展农村集体经济是实现农业现代化的前提基础。基于对农业生产规律的深刻把握，要发展现代化农业，单单依靠分散的小农户是不足以实现的，必须建立在现代科学的基础上，利用现代先进的科学技术和工业装备来发展农业，利用现代科学手段来管理农业，创造一个高效、优质、低耗的农业生产体系，力图实现农业生产的规模化、机械化、科技化、产业化、信息化。

3. 发展农村集体经济的基本原则

关于发展农村集体经济的基本原则，邓小平提出了必须坚持促进生产力发展、尊重和维护农民利益，实现形式多元化发展等观点主张。

第一，促进生产力发展。邓小平反复强调，生产力决定生产关系，农业改革和发展必须始终坚持生产力的发展为出发点和落脚点。"生产关系究竟以什么形式为最好，恐怕要采取这样一种态度，就是哪种形式在哪个

地方比较容易比较快地恢复和发展农业生产，就采取哪种形式。"① 换言之，生产力进步是农村集体经济得以巩固和完善的关键所在。针对农村集体经济采用何种实现形式的问题，应当把是否有利于生产力发展作为首要的判断标准。

第二，尊重农民意愿、维护农民利益。邓小平指出："从当地具体条件和群众意愿出发，这一点很重要"。② "群众愿意采取哪种形式，就应该采取哪种形式，不合法的使它合法起来"。③同时强调不能采取强迫方式，或阻碍农民的自愿选择。邓小平认为，要实现农村集体经济的长远稳定发展，最根本的是要尊重农民的主张意愿，全力保障他们的根本利益，不断增进其实质利益，这无疑是发展农村集体经济的本质要求。因此，必须把农民的满意、认可与支持作为衡量农村集体经济实现形式是否有效的一项重要标准。在实践中，无论何时都必须尊重农民群众的自主创造与创新精神，允许和支持农民从自身实际出发，积极探索农村集体经济的有效实现形式。

第三，实现形式的多元化。由于农村各个地区的发展基础与主客观发展条件各有不同，要满足适应多层次的生产力发展水平，必然要求农村集体经济实现形式的多元化。因此，基于各地区集体化农业和农村发展的实际状况，邓小平明确反对"一刀切"的做法，并强调在生产关系方面，完全采取一种固定不变的形式是不可取的，应当承认和支持多种多样的实践形式。只有推行因地制宜、丰富有效的农村集体经济实现形式，才能有效增强我国农村集体经济的整体实力。

综上所述，邓小平关于农业集体经济的思想作为中国特色农村集体经济思想的重要组成部分，既是对马列主义、毛泽东思想关于农村集体经济理论继承与发展，也是基于中国国情和时代特征之上所凝结的深度理性思考。这一思想不仅阐明了农村集体经济是带领农民实现共同富裕、农村繁荣和农业现代化的必由之路，同时针对农村集体经济未来的发展模式作出了方向性的重要规划，这些对于指导我国农村集体经济发展具有重大而深远的意义。

---

①③ 邓小平文选（第 1 卷）［M］. 北京：人民出版社，1994：323.

② 邓小平文选（第 2 卷）［M］. 北京：人民出版社，1994：316.

三、江泽民关于农村集体经济的"两个联合"思想

以江泽民为代表的中国共产党人坚持一切从实际出发,在探索农村集体经济发展的过程中不断更新思想、创新观念,进一步明确了农村集体经济的发展思路。这一时期,国内各地出现了多种多样的股份合作制经济,江泽民指出这是改革中的新生事物,"要支持和引导,不断总结经验,使之逐步完善。劳动者的劳动联合和劳动者的资本联合为主的集体经济,尤其要提倡和鼓励。"[①]"两个联合"思想是以江泽民为代表的中国共产党人在新的历史条件下形成的新认识,为农村集体经济的发展摆脱了诸多的思想禁锢,也为我们当前积极探索农村集体经济的有效实现形式提供了理论依据。

1. 集体经济是社会主义公有制经济的重要组成部分

1997 年 9 月,江泽民在党的十五大报告中指出:"公有制经济不仅包括国有经济和集体经济,还包括混合所有制经济中的国有成分和集体成分"。[②] 其主要依据在于,作为中国农村的经济基础,集体经济的发展是共同富裕原则的重要体现,能够在广泛吸纳社会资本的同时,扩充社会就业岗位,增加国家税收与公共积累。因此,对于城乡各种形式集体经济的发展应当予以大力支持、鼓励和指导帮助。此外,党的十五大报告还进一步指出:"公有制实现形式可以而且应当多样化,一切反映社会化生产规律的经营方式和组织形式都可以大胆利用,要努力寻找能够极大促进生产力发展的公有制实现形式。"[③] 2002 年 11 月,江泽民在党的十六大报告中指出:"根据解放和发展生产力的要求,坚持和完善公有制为主体、多种所有制经济共同发展的基本经济制度。"[④] 他认为所有制结构的多样性取决于

---

① 江泽民论有中国特色社会主义:专题摘编 [M]. 北京:中央文献出版社,2002:53.
② 十五大报告辅导读本 [M]. 北京:人民出版社,1997:21.
③ 十五大报告辅导读本 [M]. 北京:人民出版社,1997:22.
④ 中共中央文献研究室编. 十六大以来重要文献选编(上)[M]. 北京:中央文献出版社,2005:19.

生产力水平的多层次性。只有保持这种多样性，不断调整和完善所有制结构，才能更好地适应生产力的发展要求。因此，江泽民从解放和发展生产力的角度明确强调了集体经济是社会主义公有制经济的重要组成部分，同时充分肯定了集体经济对实现共同富裕具有积极作用，是社会主义的本质要求。他在报告中进一步提出："深化集体企业改革，继续支持和帮助多种形式的集体经济的发展。"①

2. 农村集体经济实现形式的多元化

在探索多元化的农村集体经济实现形式这一问题上，当时理论界的矛盾和纷争主要集中于两个方面：一是搞股份制究竟是不是搞私有化；二是股份合作制到底是公有制还是私有制。② 为了厘清和扫除思想迷雾，江泽民全面、系统、科学地予以明确回答，为该时期农村集体经济的实践探索提供了助推力量。

其一，股份制可以成为农村集体经济的实现形式。江泽民明确指出："不能笼统地把股份制归为私有或公有。……第一，股份制是一种现代经济发展的企业组织形式或资本组织形式，资本主义可以用，社会主义同样可以用；第二，股份制形式有利于所有权和经营权的分离，有利于提高企业的或资本运作的效率和竞争水平；第三，股份公司的所有制性质，关键看控股权掌握在谁手中。"③ 这就说明了发展农村集体经济可以采用股份制形式，通过广泛吸收和利用社会资源，不断增强自身实力，同时有助于扩大公有资本的实际支配范围，增强公有制的主体作用。只要集体经济控股占大头就具有明显的公有性，即不会更改集体经济的性质。

其二，股份合作制可以成为农村集体经济新的实现形式。江泽民关注到该时期股份合作制经济在不少地区逐渐兴起的现象。对此，针对理论界一些错误认识，他着眼于社会生产力发展的视角，进一步阐明股份合作制

---

① 中共中央文献研究室编. 十六大以来重要文献选编（上）［M］. 北京：中央文献出版社，2005：20.

② 江泽民文选（第1卷）［M］. 北京：人民出版社，2006：615.

③ 江泽民文选（第1卷）［M］. 北京：人民出版社，2006：615 - 616.

"是一种新出现的所有制形式，具有明显的社会性、公有性。要鼓励个别资本通过股份合作制实现投资社会化，这对整个生产力的发展是有利的。"① 即作为农村集体经济在新的历史时期形成的一种实现形式，股份合作制具有明显的公有性质，这种所有制实现形式兼具股份制与合作制的双重优势，既秉承了劳动联合的集体性质，又避免了向单纯资本雇佣劳动方向的演化。②

总之，江泽民关于农村集体经济的思想是对我国农村集体经济改革发展实践的科学总结，为我国农业发展的适度规模化、集约化经营提供了指导方向。

四、胡锦涛关于农村经济改革的"两个转变"思想

世纪之交，我们党始终围绕发展生产力这一社会主义的本质要求和首要任务，将农业、农村、农民的发展作为安天下、稳民心、保民生的基础。该时期，胡锦涛审时度势、准确研判世界发展趋势，结合国内实际国情，强调要把解决好"三农"问题作为全党工作的重中之重，指出建设社会主义新农村是我国现代化进程中的重大战略任务，强调没有农业现代化就没有国家现代化，没有农村的小康就没有全面小康，并在农村经济改革方面提出了"两个转变"思想等新论断和新观点，为深化发展多元化、多层次的农村集体经济实现形式的具体实践奠定了理论基础。

1. 农村集体经济是双层经营体制中的重要组成部分

改革开放初期，为了充分发挥农业生产领域中集体和家庭两个积极性，我国在实行家庭联产承包责任制的同时，建立和发展集体统一经营层。作为农村经济体制改革的创新性成果，以家庭承包经营为基础、统分结合的双层经营体制成为我国农村的基本经营制度。但是，由于一些主客观因素，统分关系逐渐走向失衡，特别是统一经营层面的作用发挥十分有

---

① 江泽民文选（第1卷）[M]. 北京：人民出版社，2006：616.
② 冯蕾. 中国农村集体经济实现形式研究 [D]. 长春：吉林大学，2014：64.

限，有名无实的问题较为突出，农村集体经济的整体实力较弱，发展水平低下且不平衡的问题越发明显，使得统一经营层次成为农村经营体制突出的薄弱环节。面对这一困境，胡锦涛深刻认识到，必须把统分有机结合起来，决不可偏废其一，强调双层经营体制对农业生产发展具有决定性的意义，必须毫不动摇地坚持，并将其提升到国家战略的高度，作为党在农村各项政策的重要基石。2008 年 10 月，胡锦涛在党的十七届三中全会上指出："以家庭承包经营为基础，统分结合的双层经营体制，是适应社会主义市场经济体制、符合农业生产特点的农村基本经营制度，是党的农村政策的基石，必须毫不动摇地坚持。"① 2012 年 11 月，胡锦涛在党的十八大报告中进一步指出，必须坚持和完善农村基本经营制度，依法维护农民的土地承包经营权与集体收益分配权，发展多种形式的规模经营，构建集约化、组织化、社会化、专业化相结合的新型农业经营体系。一方面，有统无分会导致农业生产方式逐渐僵化，打击农民从事农业生产的生产积极性，农民的切身利益和权利得不到有力保障；另一方面，有分无统即单纯依靠小规模、分散经营为基础的生产方式无法实现农业现代化，同时也会制约和阻碍新农村建设的步伐。因此，必须正确对待与处理好统与分的关系，不能顾此失彼，而是真正实现统与分的有机结合，积极发挥二者合力。这就要求在坚持"现有土地承包关系保持稳定并长久不变"的基础前提下，有效发挥统一经营层的效用，大力发展农村集体经济，加快农业生产经营方式的适时转变。

2. 农村集体经济的功能作用

在总结世界农业发展规律与经验的基础上，胡锦涛坚持以科学发展观为指导，提出了"两个转变"的重要论断，即"家庭经营要向采用先进科技和生产手段的方向转变，增加技术、资本等生产要素投入，着力提高集约化水平；统一经营要向发展集体经济增强集体经济组织服务功能，发展

---

① 中共中央文献研究室编. 十七大以来重要文献选编（上）[M]. 北京：中央文献出版社，2009：674.

农户联合与合作，形成多元化、多层次、多形式经营服务体系的方向转变。"① 这一思想科学阐明了农村集体经济的重要地位与积极作用，与我国农村经济改革对农村集体经济的时代要求相契合。同时，胡锦涛还指出，要加快推动传统农业生产方式转变至现代农业生产方式，必须依靠农业科学技术的进步与创新，进一步加强农业物质技术装备，建立健全农业产业体系。只有不断发展壮大农村集体经济，才能够有更多经济实力去改进农业生产技术水平和相关基础设施建设，使得更多的现代高效率的生产要素流向农业领域，从而进一步提升农业生产效率。与此同时，由于农村集体经济与农民有着天然的密切联系，是联结广大农民与市场的桥梁纽带，因而可以成为农业社会化服务的主要承担者，在生产、购销、技术等环节提供优质全面的服务功能，在着力提高农民的市场竞争力的同时有效抵御外在风险，始终维护好农民的经济利益。

3. 农村集体经济实现形式的发展方向

2007 年 10 月，胡锦涛在党的十七大报告中指出："探索集体经济有效实现形式，发展农民专业合作组织，支持农业产业化经营和龙头企业发展"②，"发展多种形式的集体经济、合作经济"。③ 这表明了农村集体经济发展的改革举措从非农部门延伸至农业部门，从城市地区延伸至农村地区，并明确了要探索集体经济的有效实现形式，鼓励农业产业化经营，扶持农民专业合作组织的发展。2008 年，在党的十七届三中全会上，胡锦涛指出："统一经营要向发展农户联合与合作，形成多元化、多层次、多形式经营服务体系的方向转变。"④这一论断为进一步拓展和深化发展农村集体经济有效实现形式的具体实践奠定了理论基础。他指出，实现统一经营的转变要求构建多元化、多层次、多形式的农村集体经济实现形式体系。

①④　中共中央文献研究室编.十七大以来重要文献选编（上）[M].北京：中央文献出版社，2009：674.

②　中共中央文献研究室编.十七大以来重要文献选编（上）[M].北京：中央文献出版社，2009：18.

③　中共中央文献研究室编.十七大以来重要文献选编（上）[M].北京：中央文献出版社，2009：20.

一是参与主体的多元化，胡锦涛提出要"引导各类市场主体参与农业产业化经营。鼓励农民专业合作社兴办农产品加工企业或参股龙头企业"①。推动农村集体经济的发展，必须由封闭向开放转变，即除了农民是新农村建设的主体，还要联合多方力量，通过股份合作制等新的实现形式有效团结多元化的投资主体，进一步优化资源配置。

二是随着农村集体经济改革步伐的加快，实现形式在服务内容、经营范围上都逐渐扩展，向产供销、贸工农一体化转变，综合化的发展趋势明显。为了满足农民日益多样化的服务需求，胡锦涛提出要"积极发展农业农村各种社会化服务组织，为农民提供便捷高效、质优价廉的各种专业服务"。②

三是集体经济形式的多样化。鉴于农村各个地区的历史背景、发展基础、资源要素条件等方面差异较大，在发挥农村集体经济统一经营层作用的过程中，应当注重因地制宜、因时制宜，不断探索和创新多样化的农村集体经济实现形式。胡锦涛明确强调"要扶持农民专业合作社、供销合作社、专业技术协会、农民用水合作组织等各类合作经济组织的发展"。③

"三农"问题始终是事关中国共产党和我国人民事业发展的根本性与全局性问题，该时期"两个转变"思想的提出表明了我们党立足实践不断更新与深化对农村集体经济的认识。历史和实践有力证明，农村集体经济的稳健发展有利于推动农村整体生产力的不断进步，有利于农业发展、农村繁荣、农民富裕的全面实现。

五、习近平关于发展壮大农村集体经济的重要论述

习近平历来高度重视"三农"工作，强调这是关系国计民生的根本性问题。在深化农业农村改革的进程中，他始终强调发展农村集体经济的重

---

① 中共中央、国务院关于切实加强农业基础建设　进一步促进农业发展农民增收的若干意见［N］．人民日报，2008－01－31（001）．

②③ 中共中央文献研究室编．十七大以来重要文献选编（中）［M］．北京：中央文献出版社，2011：349．

要性与迫切性，并把乡村振兴战略与壮大集体经济提到了前所未有的高度。针对一些地区农村集体经济落后以及农户个体经营具有脆弱性、分散性等突出问题，习近平以高瞻远瞩的战略性思维，提出了要在尊重和保障农民利益的基础上，坚持农村土地集体所有，建立健全农村集体经济发展的体制机制，提出了一系列新思考、新理念、新论断，对于新时代持续深化农村集体经济改革具有重要的理论与实践意义。

1. "统"与"分"的辩证关系

早在 20 世纪 90 年代，习近平通过农村实地调查后明确提出，坚持农村基本经营制度应当正确对待和处理好集体经营和家庭经营即"统"与"分"的辩证关系，二者相互依赖、相互作用。他准确把握和阐述了"统"与"分"之间的内在联系，其中，"分"是指"以家庭为主要的生产经营单位，充分发挥劳动者个人在农业生产中的积极性"，"统"则是"以基层农村组织为依托，帮助农民解决一家一户解决不了的问题"。① 习近平明确指出发展壮大农村集体经济是对家庭承包责任制的进一步完善和发展。他提到："社会主义制度的优越性在农村经济上的体现，应该是集体优越性与个人积极性的完美结合。"② 因此，只有把"统"与"分"有机结合起来，把集体优越性与个人积极性有机协调起来，才能使生产力迸发出更加旺盛的生机与活力。

面对农村地区集体经济实力趋于弱化的现象，习近平深刻指出：原因在于摒弃了"统"的思想，忽视了集体经济的地位和作用，造成从"原有的'大一统'变成了'分光吃光'，从一个极端走向另一个极端"③。因此，必须坚持农村集体经济的主体地位，加强集体经济"统"的职能与作用，充分发挥集体经营的优越性。正如习近平强调："'分'的积极性充分体现了，但'统'怎么适应市场经济、规模经济，始终没有得到很好的解

---

①② 习近平. 摆脱贫困［M］. 福州：福建人民出版社，1992：135.
③ 习近平. 摆脱贫困［M］. 福州：福建人民出版社，1992：142.

决。"① 这一精辟论述揭示了目前中国农村经济体制中普遍存在的重"分"轻"统"问题，体现了对"统"与"分"的辩证思想的深刻认识与准确把握。

2. 发展农村集体经济的意义和作用

第一，壮大农村集体经济是坚持社会主义方向，实现共同富裕的重要保证。习近平指出："社会主义制度本身要求建立以公有制为基础的经济。而集体经济是公有制的重要组成部分，是农村公有制的主要形式。""集体经济是农民共同致富的根基，是农民走共同富裕道路的物质保障。"② 防止两极分化，实现共同富裕，这是社会主义的本质特征与核心要求。20世纪90年代，闽东部分乡村两级集体经济实力不容乐观，习近平根据当时闽东的经济情况，进一步强调加强乡村集体经济对于闽东摆脱贫困的重要性。关于扶贫战略与发展乡村集体经济的关系，他精湛地分析指出："在扶贫中，要注意增强乡村两级集体经济实力，否则，整个扶贫工作将缺少基本的保障和失去强大的动力，已经取得的扶贫成果也就有丧失的危险",③ 另外，习近平秉持至真至诚的为民情怀，提出在壮大集体经济的同时，应当妥善解决好农民问题，主张有效地增加农民收入，减轻农民的经济负担，赋予农民更多财产权利。"农村合作社就是新时期推动现代农业发展、适应市场经济和规模经济的一种组织形式。今后要着力解决农业比较效益低的问题，真正使务农不完全依靠国家补贴也能致富。"④

第二，发展农村集体经济的功能作用还体现在：一是改善农村基础设施建设，补齐贫困村的民生短板。在深度贫困地区面临脱贫攻坚的决胜期时，通过培育壮大农村集体经济，建设贫困村提升工程，有效激发贫困户脱贫的内生动力，着力打通脱贫攻坚政策落实的"最后一公里"。二是为农户提供及时有效的农业社会化服务。农村集体服务组织应当发挥承上启

①④　习近平总书记参加江苏代表团审议侧记［EB/OL］．中国江苏网，2013 - 03 - 08，http：//jsnews2. Jschina. com. cn/ system/2013/03/09/016496394_01. shtml.
②　习近平. 摆脱贫困［M］. 福州：福建人民出版社，1992：142.
③　习近平. 摆脱贫困［M］. 福州：福建人民出版社，1992：141.

下的作用，基于自身发展和村民实际需求，做好生产规划、兴修水利、完善基础设施建设、保护农田生态环境等方面，提供产前、产中、产后的全方位服务。三是加快农村精神文明建设。习近平提到："集体经济实力是农村精神文明建设的坚强后盾"。① 通过引导和组织贫困户参与村集体的各类扶贫项目其中，使他们通过劳动获得相应的物质报酬和精神激励。四是实现乡村善治的物质保障。习近平指出："乡村集体经济实力薄弱是基层工作活力不足的症结所在。"② 集体经济实力的强弱，直接决定了其能否为农村社会保障事业和社会福利的发展提供坚实的物质基础，能否真正满足农民群众的文化生活需求。同时，在发展壮大村级集体经济的过程中，要注重提升党组织服务群众的能力。总之，农村集体经济的发展能够使集体统一经营优越性与分散经营的积极性有机结合起来，进一步解放农村地区被束缚的潜在生产力，促进农村各项事业的持续发展；同时，能够通过再分配的形式，为农民提供基本公共服务和社会保障，调节贫富差距，防止两极分化。

3. 探索农村集体经济的多种有效实现形式

习近平曾明确提出要"积极探索发展农村集体经济实力的具体形式和路子"③，并主张"实行股份、联营、合作等经济形式"④。作为农村集体经济的重要形式之一，股份合作制形式是在劳动合作的基础之上，实现劳动合作与资本合作的有机结合。这一经济形式既承认"物"要素的产权，又承认"人"要素的产权，有利于把各类分散的生产要素联合起来，构成新的生产力。随着实践的发展，习近平进一步提出，集体经济组织要坚持农民群众自愿的基本原则，在尊重群众、条件成熟的前提下，因地制宜、积极探索和创新多样化的发展形式。2014 年 4 月，他在农村改革座谈会议上明确指出："要探索集体所有制有效实现形式，发展壮大集体经济。"⑤

① ② 习近平. 摆脱贫困 [M]. 福州：福建人民出版社，1992：143.
③ 习近平. 摆脱贫困 [M]. 福州：福建人民出版社，1992：146.
④ 习近平. 摆脱贫困 [M]. 福州：福建人民出版社，1992：147.
⑤ 习近平关于"三农"工作论述摘编 [M]. 北京：中央文献出版社，2019：144-145.

关于农村集体经济的有效实现形式与传统集体经济模式的本质区别，习近平认为，前者是建立在充分尊重农民财产权的基础之上，以联合与合作的形式出现，股份合作是新型农村集体经济的主要形式，也可以称为新型合作经济。这种性质的合作经济，其具体形式应是多种多样的。他强调要"突出抓好家庭农场和农民合作社两类农业经营主体发展，支持小农户和现代农业发展有机衔接，建立健全集体资产各项管理制度，完善农村集体产权权能，发展壮大新型集体经济，赋予双层经营体制新的内涵。"[①] 当然，不论采用哪一种合作经济形式，坚持自愿互利原则，提取一定的公共提留，劳动积累和资金积累归集体所有，实行按劳分配或按劳分配与按要素贡献分配相结合，都是社会主义合作经济，构成新型农村集体经济实体。[②]

4. 发展农村集体经济的现实路径

针对农村集体经济实力和职能弱化的境况，习近平强调要把发展农村集体经济当作一项重大而又紧迫的任务，努力破解这一难题。

第一，不断深化集体产权制度改革。习近平在福建任职期间，就在全国范围内率先提出深化农村产权制度改革。他主张在明晰产权归属的基础上，全面清产核资，并将这些集体经营性资产折股量化到人，确权到户，积极发展农民股份合作，以促进农村集体经济稳健发展。针对一些农村地区集体经营性资产归属模糊、经营收益不清等突出问题，他强调要加快推进农村集体资产确权到户和股份合作制改革，同时确保农民拥有更加充分的财产权利。2013年，习近平在党的十八届三中全会上进一步强调：建立健全农村产权流转交易市场，推动农村产权流转交易公开、公正、规范运行。同时，还要赋予农民更多财产权利，对于农民享有的经营性集体资产股份，除了赋予股民相应的占有权、收益权，还应赋予他们有偿退出、抵押、担保与继承权。2016年，他在中央经济工作会议上的讲话中指出，壮

① 习近平关于"三农"工作论述摘编 [M]. 北京：中央文献出版社，2019：64.
② 许经勇. 习近平壮大农村集体经济思想研究 [J]. 山西师大学报（社会科学版），2020，47（1）：1-6.

大集体经济是集体产权制度改革的根本目的，并强调"坚持农民集体所有不动摇，不能把集体经济改弱了、改小了、改垮了，防止集体资产流失"①。这对于推动农村改革发展、探索农村集体经济的运行机制以及保障农民权益都具有重要意义。2017年10月，习近平在党的十九大报告中明确提出，要持续深化农村集体产权制度改革，切实保障农民财产权益，进一步壮大集体经济。② 2022年12月，习近平在中央农村工作会议上指出，农村集体产权制度改革重点是适应社会主义市场经济要求，构建产权关系明晰、治理架构科学、经营方式稳健、收益分配合理的运行机制，充分利用农村集体自身资源条件、经营能力，探索资源发包、物业出租、居间服务、资产参股等多样化途径发展新型农村集体经济。这是把农村集体产权制度改革、维护和保障农民财产权益与壮大农村集体经济有机地联系起来。

第二，推进农村土地制度改革。深入推进农村土地制度改革是农业现代化发展的客观要求。习近平在把握时代新形势的基础上，提出深化农村改革的主线在于正确处理农民和土地的关系，特别是农村土地所有权、农户承包权、土地经营权三者之间的关系。2013年，习近平在中央农村工作会议上首次提出农地"三权分置"，指出要在坚持农村土地集体所有的前提下，促使承包权和经营权分离，着力构建所有权、承包权、经营权"三权分置"、经营权流转的格局，这是我国农村经济改革进程中的一次重大理论和制度创新。"三权分置"思想的提出，不仅极大地丰富了中国特色"三农"理论体系，而且拓展了农村土地集体所有制的有效实现形式，释放了我国农村基本经营制度的生机活力。其中，农村土地集体所有权是承包权和经营权的基础和本位，严格保护农户承包权的财产权益是处理好"三权"关系的核心，充分发挥土地经营权的要素功能是处理好"三权"关系的重点。他多次强调，农村土地农民集体所有是农村基本经营制度的"魂"，放活土地经营权必须把握好"度"。2016年，习近平视察安徽小岗

---

① 中共中央、国务院关于稳步推进农村集体产权制度改革的意见［N］. 人民日报, 2016 - 12 - 30 (001).

② 习近平. 党的十九大报告辅导读本［M］. 北京：人民出版社, 2017：31.

村时关于土地改革方面提出了"四条底线"思想，即"不管怎么改，都不能把农村土地集体所有制改垮了，不能把耕地改少了，不能把粮食产量改下去了，不能把农民利益损害了"。① "放活土地经营权，推动土地经营权有序流转，是一项政策性很强的工作。要把握好流转、集中、规模经营的度，要与城镇化进程和农村劳动力转移规模相适应，与农业科技进步和生产手段改进程度相适应，与农业社会化服务水平提高相适应。"② 这些重要思想既顺应了我国农村发展的时代要求，也体现了广大农民的自主意愿。立足实际，随着工业化、城镇化的深入推进，农村土地承包权主体与经营权主体相分离的现象越来越普遍。"三权分置"的实施不仅能够满足农民集体、承包农户与经营主体的各自需求，合理规定他们相应的权利内容，同时也能通过落实所有权、稳定承包权，并对经营权定界赋能，从而提高了农村土地资源配置的实际效率，对于适度规模经营的形成和集约化、现代化农业的发展都是大有裨益的。基于此，2017 年，习近平在党的十九大报告中指出，完善承包地"三权分置"制度，保持土地承包关系稳定并长久不变。2018 年 9 月，习近平在主持十九届中共中央政治局第八次集体学习时指出：要把握好乡村振兴战略的政治方向，坚持农村土地集体所有制性质，发展新型集体经济，走共同富裕道路。2022 年，习近平在党的二十大报告中强调，深化农村土地制度改革，赋予农民更加充分的财产权益。2023 年 3 月，习近平在参加十四届全国人大一次会议江苏代表团审议时进一步指出，要强化科技和改革双轮驱动，深化农村土地制度改革，巩固和完善农村基本经营制度，发展新型农村集体经济，发展新型农业经营主体和社会化服务，发展农村适度规模经营，为农业农村发展增动力、添活力。本质上看，"三权分置"是我国农村基本经营制度的自我完善，与生产关系适应生产力发展的客观规律相符合。在坚持农村土地集体所有的前提下，承包权与经营权的分离有益于进一步激活农业生产要素、激发农村发展活力，推进农村集体经济发展。

　　第三，加强基层党组织建设，完善农村基层治理。其一，着力提升基

---

　　①② 中共中央文献研究室．十八大以来重要文献选编：上［M］．北京：中央文献出版社，2014：671.

层党组织的领导力与组织力，发挥其坚强的战斗堡垒作用。习近平强调："要坚持党在农村的基本经济制度和基本政策，把发展壮大村级集体经济作为基层党组织一项重大而又紧迫的任务来抓，着力破解村集体经济发展难题，增强基层党组织的凝聚力，提高村级组织服务群众的能力"。[①] 村级党组织是党在农村全部工作的基础，他强调，农村党支部是否坚强过硬，直接关系到党的正确路线、方针政策在农村能否真正得以贯彻落实，关系到能否带领群众发展农村经济，有效提高农业生产力。因此，必须加强基层党的建设和政权建设，高度重视农村社会的基层治理，不断提高基层党组织的带动力、战斗力与凝聚力。其二，要建立和完善集体经济组织内部法治结构，同时建立健全监督制约机制，进一步加强内部监督和社会监督，将农村集体经济发展纳入规范化管理的轨道。

总之，习近平关于壮大农村集体经济的重要论述是立足新的历史方位，准确把握我国农村经济的发展现状与发展趋势，科学总结历史实践经验而取得的重大理论成果，为新时代发展壮大农村集体经济提供了根本遵循。在新时代壮大农村集体经济必须坚持"统分结合"的辩证思想，以实现共同富裕为目标，不断适应市场经济发展要求，走更高质量、更优效益、更加公平、更可持续的农村新型集体化、集约化发展道路。

---

① 习近平. 在全国组织部长会议上的讲话 [J]. 党建研究，2012（1）：4-11.

第三章
改革开放以来中国农村集体经济
发展的历程考察及其基本经验

对改革开放以来我国农村集体经济的历史嬗变进行系统回顾和梳理，有助于我们以史为鉴，深度剖析农村集体经济的客观规律与发展趋势，并在总结农村集体经济发展的宝贵经验的基础上，积极探索和创新农村集体经济实现形式，推动我国农村集体经济及其组织的进一步发展壮大。

第一节　实　践　历　程

一、乡镇企业的兴起

1. 产生背景

改革开放之初，家庭联产承包责任制的实行，初步构筑了适应发展社会主义市场经济要求的农村新经济体制框架，实现了集体统一经营和农民分散经营的有机结合。这一根本性改革极大地解放和发展了农村生产力，带来了农村经济和社会发展的历史性巨变：农民的生产主体地位得以恢复，他们在经营上拥有更多的自主性与独立性，劳动积极性充分释放，使农业生产率获得空前增长，农业生产剩余逐渐增多。同时，在中央关于农村经济政策和方针的规划导向下，20世纪80年代初的农村集体经济组织在管理制度和分配制度等方面展开了一系列改革，发展乡镇企业、开展多种经营、发展商品生产等方面呈现出欣欣向荣的良好景象。

2. 具体实践

中国的乡镇企业起源于 20 世纪 50 年代，发展于 20 世纪 70 年代后期。其前身是人民公社与生产大队两级农村集体经济创建的社队企业。1972 年改名为"社队企业"。在党的十一届三中全会召开以前，社队企业一直处在是姓"资"还是姓"社"，是放还是收的激烈争论中艰难发展。受"左"的思潮影响，加上国家政策上的不确定性，很大程度地抑制了社队企业的发展壮大。1978 年，党的十一届三中全会通过了《中共中央关于加快农业发展的若干问题的决定（草案）》，充分肯定了社队企业在整个国民经济发展中的地位和作用。同时，国家针对不同的社队企业实行相应的税收减免政策。这些政策的出台说明国家政府对发展社队企业的高度重视，并将其纳入整个国民经济发展的计划当中，使得社队企业发展进入了新的历史阶段。改革开放初期，在宏观经济复苏的背景下，随着家庭联产承包责任制的广泛推行，长期被束缚的经济发展潜力被逐步释放出来，农村地区微观经营单位的生产效率与经营效益双重提升，为社队企业的进一步发展创造了前所未有的历史机遇。1979 年，国务院颁布《国务院关于发展社队企业若干问题的规定（试行草案）》，第一次以法规形式肯定了社队企业对我国政治经济社会发展的重要意义，并把社队企业视作推动农村生产力发展，加快实现农业现代化以及逐步缩小工农差别和城乡差距的重要载体。基于此，该文件关于社队企业的发展方针和原则、发展规划、管理制度和国家政策扶持等方面作出了全面规定，明确要求各行各业扶持社队企业发展。此后，各省、市地结合本地实际构建基层的社队企业管理机构，为社队企业的加速发展奠定了组织基础。

同年 9 月，党的十一届四中全会上通过了《中共中央关于加快农业发展若干问题的决定》，充分肯定了社队企业的发展对于改善农业生产条件，提升农民扩大再生产的物质能力具有积极作用。在中国共产党的正确领导下，宽松的国家政策创造了良好的外部环境，大大激发了农民创办社队企业的积极性。这一时期，社队企业在总体上初具规模。1981 年国务院发布《关于社队企业贯彻国民经济调整方针的若干规定》，进一步强调社队企业对于带动地方经济发展，提高社员收入等诸多方面都具有不可替代的积极作用；同时，还指出发展社队企业与我国农村经济社会的发展方向是相符合的，社队企业已成为我国农村经济的重要组成部分，应当予以鼓励和支持。在此基础上提出了具体政策上的方针措施。这样不仅使得各级党政明晰了方向，也消除了干部群众的疑虑，激发了他们的生产积极性和创造性。

随着对乡镇企业认识的不断提高，以及经济发达地区乡镇企业的成功范例，促使各地主张发展乡镇企业的呼声高涨。在这一背景下，我国乡镇企业发展开始突破所有制形式和经营行业的限制，驶入高速发展的轨道。1984 年，中共中央、国务院批转《关于开创社队企业新局面的报告》，正式将社队企业更名为乡镇企业，并强调乡镇企业是我国农业生产的重要支柱，是引领广大农民群众实现共同富裕的重要途径，也是国家财政收入的重要来源；同时围绕乡镇企业的若干政策问题制定了指导方针。由原来的社办、队办转变为乡办、村办、户办、联户办的“四轮驱动”，由原来主要是农副产品加工产业转变为六大产业（农、工、商、建、运、服）并进，实行“多轮驱动，多轨运行”；突破了过去的“三就地”①原则的限制，实行外引内联、拓宽市场。同年，中央还发布了《中共中央关于经济体制改革的决定》，宏观层面激励了乡镇企业的崛起。

一系列的政策举措为乡镇企业的快速发展提供了强有力保障。该时期，各地的乡镇企业如雨后春笋般地涌现，特别是联户办企业与户办企业的比重大幅上升，乡镇企业迎来了发展高峰期。不同所有制企业之间相互投资、相互合作，部分企业逐步实行专业化、社会化的协作生产，在一些工业生产产品中创建了自己的品牌产品。许多新型企业组织形式与资本组织形式相继出现，如股份制、股份合作制、个体私营经济、多种形式的联营以及中外合资企业快速发展，“多轮驱动、多业并举、多轨运行”的所

---

① 指就地取材、就地生产、就地销售。

有制格局逐渐形成。据统计，1988 年全国乡镇企业总数达到 1882 万个，比 1983 年增加 1754.2 万个，总产值增长到 6459 亿元，平均年增长 44.9%。[①] 由此乡镇企业作为农村经济和国民经济重要力量，其重要地位和积极作用已完全确立并被实践证实。鉴于其发展速度之快、势头之猛，邓小平指出："农村改革中，我们完全没有预料到的最大的收获，就是乡镇企业发展起来了，突然冒出搞多种行业，搞商品经济，搞各种小企业，异军突起。"[②]

20 世纪 80 年代末，由于经济过热带来了种种弊端，党的十三届三中全会提出了"调整、整顿、改造、提高"的方针，加大了宏观调控力度，促使国民经济回归协调、稳定发展的轨道，乡镇企业也开始进入治理整顿的阶段，发展势头放缓。针对一批经济效益低、产品质量差、污染浪费严重的乡镇企业，通过关停等措施将其淘汰，而经济效益好、产品质量优、且符合环保规定的乡镇企业得到扶持发展。尽管存在增长速度回落、市场疲软以及职工人数下降等不利因素，但是乡镇企业仍以高于国民经济平均增长水平的速度持续发展，总体经济效益逐步提高，有利于增强其在市场竞争中的生存发展能力，为乡镇企业在后来的再次腾飞打下了坚实基础。

3. 发展评价

20 世纪 80 年代的乡镇企业搭乘改革开放之东风异军突起，成为了农村经济中朝气蓬勃的新生力量。作为中国农民的一个伟大创造，乡镇企业是在我国特殊时空条件下诞生的新的经济组织形式，是农村商品经济的一支重要力量，以其顽强的生命力与独特的发展道路对中国农村经济乃至整个国民经济发展都作出了重大贡献。主要体现在：它冲破了过去的小生产格局，改变了农村经济单一所有制局面，开创了农村经济多种所有制形式共同发展的崭新局面，推动了农村经济增长与产业结构变革，并在一定程度上带动了农村集体增收；转移和吸纳了大量的农业富余劳动力，提高劳

---

① 中国乡镇企业及农产品加工业编辑部. 中国乡镇企业及农产品加工业年鉴 [M]. 北京：中国农业出版社，1990：25.

② 邓小平文选（第 3 卷）[M]. 北京：人民出版社，1993：238.

动力资源的利用效率；在发展商品生产、活跃市场，扩大出口以及逐步缩小城乡差别和工农差别等方面发挥了积极作用；此外，乡镇企业对直接涉关农村社会发展的教育、医疗、养老以及基础建设等公益性事业所作出的贡献也是不可忽视的。总之，乡镇企业的迅猛发展不仅开辟了一条农民脱贫致富的康庄大道，而且成为推动农村工业化进程的主要力量，进一步加快中国式现代化建设与社会主义市场经济的历史进程。

另外，该时期的乡镇企业多数属于劳动密集型企业，规模较小且重复建设的现象十分普遍。伴随时间的推移，乡镇企业存在的缺陷逐渐暴露：由于集体经济产权不清、权责不明、主体模糊，造成企业规模难以扩大，经营者和生产者积极性较低；缺乏监督，企业内部腐败行为严重，导致集体财产的流失加剧。这些问题扭曲了资源配置，致使乡镇企业越来越不适应市场经济的发展要求，迫切需要进行产权制度改革。另外，其没有充分发挥集体统一经营层的效用，诸如生产服务、管理协调、资源开发、招商引资等。进入20世纪90年代以后，在市场经济逐渐确立的背景下，为了进一步提高集体经济的实际效率，我国许多农村地区开始探索和创新多样化的农村集体经济实现形式。

二、股份合作社的初步探索

1. 产生背景

进入20世纪90年代，在构建社会主义市场经济体制的大背景下，以家庭为单位、分散经营的小生产与大市场之间的矛盾日益凸显。一方面，随着我国农村市场经济发展的不断深化，小规模的生产经营模式不能满足生产力与社会发展的多层次、多样化需求，由于其自身的局限性不能适应瞬息万变的市场环境。分散的农户经营往往经营规模小、专业化程度较低，不仅农产品的数量和质量也不能较好地适应市场经济的发展，而且个体农户势单力薄、资源有限，无法全面及时地获取市场信息，在制定生产计划上无法进行科学决策，生产上的盲目性导致难以实现效用的最大化；另外，单个农户独立参与市场活动，不止是在农产品的生产环节、在销售环节也表现相对吃力。在交易费用上，小规模的生产经营难以承担较高的成本费用，因而当面对庞大市场时，单个农户处于明显的弱势地位。农民逐渐意识到，分散经营不能带来富裕，充分合作才是最高效的生产方式与发展途径，认识到农村集体经济作为农民与大市场之间的中介桥梁，在组织农户进入市场、解决买难卖难问题、抵御市场风险、降低生产成本和提高经济收益等方面具有积极作用。

于是，这一时期许多农村地区开始主动探索和创新多种农村集体经济新的实现形式，各种类型的股份合作社、专业合作社应运而生。与20世纪50年代的合作社、人民公社截然不同的是，允许家庭经营与合作社两者同时存在，主张采取以家庭经营为基础的合作方式；成立新型合作社的目的在于解决单独由一家一户解决不了的问题、办不好或办不起来的事情，因而更侧重在服务层面。同时，采取农民自愿、互助互利的原理，切实尊重和维护农民的自主权利，实行入社退社自由，不再强制入社。

2. 具体实践

面对家庭联产承包责任制改革后出现的新形势、新矛盾与新问题，党的十三届八中全会审议通过的《中共中央关于进一步加强农业和农村工作的决定》中指出：完善双层经营体制，包括完善家庭承包经营和集体统一经营。这两个经营层次相互补充、相互依存、相互促进。同时期，国家还作出了耕地承包期延长30年不变的重要决定，承包关系的稳定为农业的产业化、规模化、市场化发展奠定了良好的制度基础，也为土地使用权的转让入股奠定了产权基础，承包者也获得了更大程度的自主经营权，这些为农村合作经济组织的产生提供了强大的助推力量，促进了我国农村经济实现平稳较快发展。

在中国共产党的科学领导下，农村集体经济的改革进程进一步加快，在实践中主要有两大类型：一是对农村改革之前的农村集体经济的改革、继承与发展，这些村庄地区在坚持集体所有和集体经营方面积累了丰富的有益经验，是我国农村集体经济体制下发展而来的社会主义新农村的典范；二是立足生产力的发展需要，遵循市场经济的客观规律，坚持农民自愿互利为基本原则，积极探索全新的农村集体经济实现形式，以浙江、广东等沿海发达地区的农村为代表。

基于实践发展的迫切需要和国家宏观政策层面的鼓励支持，早在20世纪80年代中后期，以股份合作经济形式的农村集体经济组织在我国经济发达的长三角、珠三角等地首先萌芽发展起来。究其性质，这种股份合作经济融合了股份制与合作制两者的组织特点，具有股份产权与合作劳动经营的双重属性，从而构成了一种新的经济组织形态。进入20世纪90年代后，随着我国农村向工业化、城市化的不断推进，以及社会主义市场经济体制的逐步构建，以浙江、广东等为代表的许多农村村级集体经济迈入以产权制度改革与创新为主要特征的发展新时期。在组织形式上，与当时生产力发展相适应的村级股份经济合作社与村级股份制合作企业等日渐兴起并广泛推行。这种以股份制为特征的农村集体经济仍然是建立在生产资料公有制的基础之上，实行生产资料按要素入股份额所有，农户自愿开展合作经营，分配方式上则按照按劳分配与按生产要素股权分配相结合的集体所有制经济。具体来讲，一些地区在原有乡镇企业发展的基础上，为了更好地适应市场经济的运行规律与发展要求，针对产权模糊、资金短缺以及市场竞争力不足等问题，着手将股份制引入企业内部，与社会各界广泛开展合作，吸收整合资金、管理、技术等资源入股，通过企业经营机制的转换建立起集体企业集团等组织形式，焕发出盎然生机与强大活力，成功实现了"质"的飞跃。例如"温州模式"与"苏南模式"等。一些地区的农业"能人"大户和生产专业户自发组织成立农民专业合作社，为农业生产活动提供产前、产后等方面的服务，目的是促进农民生产活动与市场经济接轨，有效降低生产经营成本与风险，同时增强产品竞争力和市场议价能力，从而提高经济收益。有的地区则在地方基层农业部门的带头组织下创办农民专业技术协会，为农民在农业生产过程中提供较高水平的技术培训与服务指导。还有一些地区为了缓解农地供应紧张和碎片化问题，加快实现农业生产的规模经济，进行试点试验以土地的承包经营权入股的土地股份合作社，或者采取将集体净资产折股量化后改制而成的社区股份合作社等多种股份合作制形式，在合作领域和程度上不断拓宽和深入。例如"南海模式""北京模式"等。

3. 发展评价

总体而言，这些地区注重从实际出发，因地制宜，在实践中创造出了适应本地特色的农村集体经济发展的不同模式，使其更好地适应生产力发展，发挥了良好的典型示范和带动效应。尽管这些实践尚处于"摸着石头过河"的初步探索时期，但已经为我国农村集体经济的综合发展提供了重要思路与参考借鉴，进一步拓展与深化了农村集体经济的作用和职能，增强了其市场性与开放性。股份合作制作为我国要素市场化改革的产物，也是农村集体产权制度改革的产物，不仅有助于提高农民的生产积极性，也使农村村级集体资源得到优化配置与高效利用，促进了村民致富和农村集体经济发展"双赢"目标的实现，同时提高了农村生产力水平，加快了农业产业化、现代化的发展进程，促进了我国农村经济的可持续发展。

但是，由于发展基础较弱、发展规模普遍不大，发展程度尚未成熟，这些农村集体经济组织依然存在不容忽视的问题与短板：组织管理制度尚待建立健全，在民主管理和监督上有所欠缺，内部运作的规范化不够；跨区域跨行业的横向、纵向联合的广度与深度不够；合作范围与业务模式较为单一，仍以基础服务、原材料供应为主，发展层次不高，经济绩效有待进一步提升；另外，集体产权的模糊性为行政干预遗留了诸多隐患，同时也制约了我国农村集体经济的发展效率及其市场化运转。因此，这些问题为之后如何推进农村集体经济的科学化与规范化发展提供了缘由。

三、新型农村集体经济的发展

1. 产生背景

进入 21 世纪以来，随着我国经济社会变化日新月异，农村集体经济发展也面临着崭新复杂的发展条件与外部环境，2001 年我国加入世界贸易组织，这既为我们提供了良好的发展机遇也带来了不小挑战。农产品销售市场的逐步开放，使得我国组织化程度不高、难以抵御市场竞争风险的分散经营模式面临着严峻的考验。面对这一境况，中国共产党对于农村集体经济的良好发展尤为重视。为了尽快适应社会化与市场化的需要，切实提高我国农民的组织化程度、增强农产品的市场竞争力，充分保障农民利益和粮食安全，国家鼓励农村地区探索适宜本地特色的集体经济有效实现形式，激活农村经济持续发展新动能。

在我国全面深化改革开放的背景下，随着市场化运作机制的引入，农村集体经济产权制度改革逐步深化，农村集体经济的开放度日益加大，新型农村集体经济组织形式不断涌现。与探索阶段不同的是，该时期多样化的农村集体经济实现形式主要是在股份合作、专业合作的基础上衍生而来，各种社区股份合作社、土地股份合作社、农民专业合作社等日渐成为主流模式。对此，国家高度重视对多样化的新型农村集体经济实现形式进行政策上的科学引导和组织上的规范管理。在这一背景下，我国农村集体经济多样化的实现形式开始步入深化改革、创新发展的阶段。

2. 具体实践

2002 年，党的十六大报告正式提出了"全面建设小康社会，加快推进社会主义现代化"的重大战略任务，表明了国家对农业增收，农民实现小康的高度重视。同时，报告还提出要稳定和完善以家庭承包经营为基础、统分结合的双层经营体制，有条件地区可根据依法、自愿、有偿原则推进农村土地承包经营权流转，逐步发展规模经营，持续增强农村集体经济的整体实力。同年 8 月，由全国人大常委会通过的《中华人民共和国农村土地承包法》，以法律形式明确界定和规范了家庭承包的期限、土地承包经营权的具体内容、调整与流转等主要环节，旨在赋予农民长期而有法律保障的农村土地承包经营权，使得承包者在遵循有关法律法规的前提下，在农地使用上较以前拥有更充分更长久的经营自主权，不仅为我国农业的市场化、规模化经营奠定了制度基础，也在一定程度促进了农地产权制度的改革。

2003 年，《中共中央关于完善社会主义市场经济体制若干问题的决定》明确指出：要以明晰产权为重点，深化集体企业改革，发展多种形式的集体经济；要推进农村集体经济组织的制度创新，增强其服务功能；鼓励农民依照自愿、民主原则，建立和发展多种形式的农村专业合作组织。2005年中央首次提出建设社会主义新农村，并将发展农村集体经济作为社会主义新农村建设的重要任务之一。这为我国积极探索农村集体经济发展道路创造了良好的发展契机。

面对农村经济发展的新形势，为了充分释放农村经济活力，党的十七大提出：鼓励和支持有条件地区发展多种形式的适度规模经营，探索和创新农村集体经济的有效实现形式，加快培育新型农民，推进集体企业改革和农民专业合作组织的发展。其后，党的十七届三中全会提出《中共中央关于推进农村改革发展若干重大问题的决定》，着重强调要稳定和完善农村基本经营制度，并指出统一经营要向发展农户联合与合作，形成多元化、多层次、多形式经营服务体系的方向转变。同时，明确指出要依据服务农民、进退自由、权利平等、管理民主的原则要求，扶持和帮助农民专业合作社加快发展，使之成为现代农业经营组织。另外，在规范农地管理上，要依照产权明晰、用途管制、节约集约、严格管理的基本原则，完善农村土地管理制度，建立健全土地承包经营权的流转市场，坚持依法自愿有偿原则，允许农民采取转包、转让、出租、股份合作、互换等形式流转土地承包经营权，大力发展多种形式的适度规模经营。有条件地区可发展家庭农场、专业大户和农民专业合作社等经营主体。这一决定为我国农村集体经济体制的发展与完善指明了正确方向。2012 年，党的十八大报告再次重申，要壮大集体经济实力，注重发展多种形式的规模经营，建立组织化、社会化、集约化、专业化相结合的新型农业经营体系，这进一步推动了农村经济的集约化发展。

3. 发展评价

这一时期，在国家宏观政策的引导调控、市场经济的竞争压力和农民的发展诉求推动下，我国大体上进入了统分结合双层经营体制的稳定完善期，多样化的农村集体经济实现形式开始进入深化改革阶段，逐步向规范化、制度化方向发展，主要体现在：

第一，农村集体产权改革加快推进。通过清产核资、折股量化集体资产，让过去名义上"人人都有"实则无法具体化的集体成员权利得以明确，折成股份量化和股利分红给个人，增加农民收入。譬如，国家启动农村集体产权制度改革，并在部分县市开展试点工作，推动农村资源变资产、农民地权变股权，农民以土地入股分红，使得集体成员在权利与利益之间的利益分配关系更加明晰合理，农民真正享受到集体经济发展红利，集体观念进一步增强，农村集体经济组织的号召力、凝聚力与公信力也随之进一步提高。

第二，集体经济组织的管理能力和运营能力明显提高。通过参照引入股份制的治理形式与结构安排，力图通过加强制度建设，进一步完善集体经济组织的治理结构和管理功能，使集体经济组织在内部管理和外部运行上更加规范化、制度化、标准化。我国于 2007 年 10 月首次颁布并实施《农民专业合作社法》，这是我国农村集体经济实现形式发展开始步入法制化轨道的重要标志。作为农村集体经济新的实现形式，新型专业合作社虽然脱离不了股份合作、专业合作的既定框架，但相对而言更加高级，不仅集体经济的形式更加丰富多样，而且在管理水平和功能作用上更多进步与创新。譬如珠江地区利用自身地理优势，鼓励开展招商引资，大力发展外向型经济，创新"企业 + 农民合作社 + 农户""企业 + 土地股份合作社 + 农户"等多种模式，农村集体经济的规模和作用更为显著，为我国农业现代化发展注入了澎湃动力。

第三，农村集体经济实现形式的综合性不断增强。在市场经济不断发展和完善的条件下，部分地区的农村集体经济甚至打破了传统的区域观念，突破了地域限制，发展成为跨地域的经济力量。同时，随着服务内容和层次的不断拓展与深化，不仅存在合作主体的横向联合，还存在供产销业务的纵向延伸，趋向产供销、贸工农一体化的发展道路，这既适应了农业产业化、现代化的发展要求，也促使农民、集体经济组织与企业之间形成更加紧密的利益共同体。

第二节 基本经验

立足新时代，加快发展壮大农村集体经济，既是实施乡村振兴战略的重要抓手，也是建设社会主义现代化强国的必由之路。当前，国内的一些地方农村集体经济发展的成功实践，积累了一些有益经验。在此基础上，我们应当科学把握客观规律，努力开拓创新，积极探寻多元路径，使我国农村集体经济走上一条创新发展、理性发展、跨越发展之路。

一、坚持顶层设计与基层探索相结合，准确把握集体经济发展方向

作为农业和农村发展的主体，农民是农村经济改革的参与者、支持者、推进者，是最富有创造性的力量。改革开放以来，从安徽小岗村的"分田单干""包产到户"，家庭承包责任制的兴起，到乡镇企业的异军突起，再到农村改革试验区的建立以及"三变"（资源变资产、资金变股金、农民变股东）改革的推行；从探索土地使用权流转，发展股份制、股份合作制等各种类型的农业规模经营，到对农村集体资产进行股权量化分红，创新集体经济的管理经营模式；等等。农民群众在集体经济的发展中树立主人翁意识，积极发挥自身才能和本领，为集体和自身的发展出谋划策。经过基层的先行探索、试点试验与经验总结，而后获得政府认可并在全国范围渐次推广实施。实践证明，这些具有突破性意义的有益实践都来源于农民群众的伟大创造，对中国农村集体经济发展乃至整个农业和农村的发展都起到了关键性作用。

另外，我国农村集体经济的发展单纯依靠基层探索是远远不够的，还得益于科学合理的顶层设计。中国共产党历来重视发展农村集体经济，尤其是新世纪以来，我们党根据时代发展趋势与阶段性特征不断完善顶层设计，高屋建瓴地提出了关于"三农"工作的改革目标、时序安排与实施路

径，同时在整体上、宏观上出台了一系列重要政策文件为农村集体经济改革引路定向。20 世纪 80 年代，为了切实解决农民的温饱问题，破除农村体制性障碍，1982～1986 年连续五个中央"一号文件"确立和肯定了家庭联产承包责任制的主体地位，将生产经营的责、权、利赋予农民，使亿万农民真正拥有生产经营的自主权，对实现农村改革率先突破、调动广大农民劳动积极性、解放农村生产力发挥了巨大的推动作用，开创了中国农村改革发展的新局面。21 世纪初，关于"三农"的五个中央一号文件的核心思想则是城市支持农村、工业反哺农业，采取一系列"多予、少取、放活"的政策举措，给予农村优先地位，给予农业更多反哺。2004 年，中央出台了关于"土地流转"的政策，加快农村土地流转发展，农业市场新兴经营主体如雨后春笋，竞相涌现，这些政策为推进农业现代化、规模化提供了有利条件。面对农业发展战略任务的新变化，2004～2023 年中央连续发布以"三农"为主题的中央一号文件，建立健全适应发展社会主义市场经济要求的农村新经济体制框架，不断加大农业投入，聚焦于深化集体产权制度改革和土地制度改革，着力增强集体经济实力。在政策红利持续释放的巨大吸引力下，农业生产经营主体与社会各经营主体受利益驱动，因地制宜开展农业投资和经营活动，集体经济发展模式形式多元化的趋势越发凸显。可见，良好的顶层设计能够农村集体经济的创新发展提供强有力的制度保障和政策支撑。

改革实践的经验表明，中国农村经济改革要想取得成功，就必须采取自上而下和自下而上相结合的"方法论"。不断推动顶层设计与基层探索的有机结合，力图实现二者的良性互动，这也是我国农村集体经济改革和发展的基本路径。只有这样，才能充分激发各个方面的积极性和创造性，同时准确把握集体经济发展的正确航向，避免犯一些颠覆性的错误。

二、坚持多元化的实现形式，适应社会主义市场经济的发展要求

坚持社会主义市场经济的改革方向是贯穿中国农村经济改革的一条主

线。改革开放以来，我国农村地区在遵循市场规律的基础上，发挥市场配置资源的优势作用，化解农业农村现代化的资源配置机制与市场主体激励问题，实现了集体经济多种实现形式与市场经济的衔接融合。随着农村经济改革的制度变迁，多元化的实现形式逐渐成为我国农村集体经济发展的鲜明特征。

由于传统农村集体经济的实现形式过度单一和封闭，导致农村集体经济的发展活力受到重重束缚。为了彻底打破传统农村集体经济实现形式的僵化与局限，进入改革开放新时期后，从早期的家庭联产承包责任制改革、乡镇企业崛起与农产品流通体制和农村劳动力流动制度改革，到农村金融体制改革和农村集体产权制度改革，再到建立符合市场要求的农村集体经济运营机制等，这一系列的市场化改革措施进一步激活了农村要素流动和市场开放，实现了农村集体经济中要素与资源的市场价值，对提升农村集体经济组织的市场竞争力，解放和发展农村生产力作出了不可磨灭的贡献。随着我国农村经济体制向"发挥市场在资源配置中的决定性作用"逐步趋近，促进了农村土地产权的进一步明晰，带动了农村集体经济市场化、开放化程度的进一步提高，农民、集体与政府各自在市场中的功能与关系也得以进一步理顺。与此同时，一些乡镇集体企业和农村集体经济组织按照企业化、公司化的方式构建法人治理结构，一些农村地区还在农村集体产权制度改革的基础上，建立经济合作社或股份经济合作社，比如成立土地股份合作社、社区股份合作社、农民专业合作社、农民综合合作社、企业化合作；等等。这些多样化的实现形式不仅克服了小型农户在激烈的市场竞争中"单打独斗"的劣势，也提高了集体经济组织的收入效益和农民的生产生活水平，有力地推动了我国农村集体经济实力的提升。

另外，应当指出的是，农村集体所有的合法资产及其收益是农民群众实现共同富裕的物质基础，在利用市场机制这只"无形的手"解决集体经济发展中问题的同时，也必须更好地发挥政府在规划引领、政策引导、财政支持等方面的职能作用，尤其是促进社会主义的公正分配，以真正做到兼顾效率与公平，更要注重防范作为工具和方法的资本对广大农民根本利益与长远利益的侵蚀，避免农村集体经济偏离了社会主义基本方向。唯有如此，方能确保农村集体经济的发展成果真正惠泽集体所有成员。

总之，在社会主义初级阶段，探索农村集体经济多样化的有效实现形式是振兴我国农村集体经济实力的必由之路，也是适应市场经济发展的内在要求。值得强调的是，多样化的实现形式必须是因地制宜、与时俱进的，而非固化统一的。就农村集体经济实现形式的有效性而言，除了受实现形式本身的内在规定性影响外，实现形式的有效性还与地理环境、资源禀赋、历史基础、发展水平、思想文化、社会治理以及组织权威等诸多因素有关。即便是同一种实现形式也会随着村域经济社会环境的变化而导致有效性程度的差异。因此，必须坚持正确的市场导向，把握动态变化，不断进行形式创新与结构调整以适应发展实际，才能使得我国农村集体经济永葆旺盛的生命力。

三、坚持农民的主体地位，实现农村集体经济与农民发展相得益彰

农民作为农村的主人，是农村集体经济的主要参与者、建设者和受益者，是推进农村繁荣与农业现代化的革新力量。究其本质，农村集体经济的服务主体是"农民"，根本目的也是要满足"农民需要"。我们党始终坚持把以人民为中心的发展思想贯彻落实到"三农"工作中去，要始终尊重农民意愿，维护农民合法权益，真正把选择权交予农民。

坚持尊重农民的主体地位，充分保障农民的民主权利与物质利益，这不仅是我国农村改革的核心价值与基本原则，也是农村集体经济发展的重要经验。这一原则已被我国农村集体经济的历史实践所佐证：改革开放后，国家在尊重农民自主选择的基础上确立了农村集体经济组织实行家庭承包经营为基础、统分结合的双层经营体制，这一制度安排较好地协调了国家、集体和农民之间的利益关系，肯定了农民作为市场经营主体的地位，恢复了农民的最基本的经济权利，极大地提升了农民的劳动积极性，农业、农村得以较快发展；其后，通过农村集体经济组织运行机制和产权制度改革，国家在坚持集体所有制的基础上把集体经营性资产确权到户，

明晰集体成员的资产权利，给予了农民更多的财产权利与更完整的财产权能，不仅提升了农民在集体经济发展中的主体地位，而且切实保障了农民对集体经济发展所拥有的知情权、参与权、决策权、监督权以及收益分配权，以此推动了农村集体经济实现形式的不断创新，进而激发了农村集体经济的发展活力。

立足新的历史方位，要坚持以农民为中心，尊重农民的主体性地位，以实现、维护和发展广大农民的根本利益作为根本出发点和落脚点，这无疑是实现我国农村集体经济稳定持续发展的前提条件。在培育壮大村集体经济的进程中，必须充分发挥农民群众的主体作用与首创精神，并将这一基本原则贯穿于发展农村集体经济的始终，为集体经济发展提供源源不断的动力支撑。与此同时，通过有效增强农村集体经济实力，不断满足农民的经济利益，维护农民的政治权利，增进农民的社会福利，丰富农民的文化需求，促进农民的全面发展，力图实现农村集体经济与农民发展的相得益彰。

综上所述，农村集体经济作为新中国成立后对小农经济进行社会主义改造的重要产物，是生产社会化与生产资料的分散占有及使用之间矛盾变化发展的必然结果。回溯历史，改革开放以来，我国农村集体经济历经了一个由量变到质变的重大转变。其之所以在实践层面上彰显出越来越大的生命力与优越性，正是在于实事求是、与时俱进，不断改革与创新发展路径和方法；在于顺势而为、因势利导，在不同的历史时期和空间条件下，选择科学合理的组织形式或实现形式，并积极发挥了其正面效用。这些不仅为农村集体经济拓展了更为广阔的发展空间，也为集体经济的理论研究奠定了日益坚固的实践基础。

值得强调的是，农村集体经济的根本属性并不等同于其组织形式或实现形式，我们应当避免盲目机械地将某种具体实现形式的问题归因于农村集体经济的性质，更不能因为某些具体实现形式的实践效果不尽人意就全盘否定农村集体经济的核心意义及其价值功能，甚至错误地将"集体经济"与"大锅饭"、低效率等划上等号。应当说明，"两个飞跃"所要发展的农村集体经济，绝不是对20世纪集体经济的简单复制或复归，而是致力于在更高的水平、更深的程度上实现"质"的飞跃。

究其本质,中国农村集体经济制度的建立取决于社会主义社会的根本性质与基本国情、农情。农村集体经济具有个体、私营经济所无法比拟的优越性,是我国农业现代化道路的前提基础,是实现乡村振兴的必由之路,也是农民走向共同富裕的坚实保障。立足新的历史方位,我们应该准确把握时代趋势与发展规律,坚持不懈地推进农村经济改革与制度创新,充分发挥亿万农民的首创精神与主体作用,创新多样有效的集体经济实现形式,积极探索农村集体经济发展的可行路径,为我国农村经济的繁荣发展注入强劲动力,让广大农民群众能够共享改革发展的丰硕成果。

第四章
新时代中国农村集体经济发展的价值意蕴、现实基础与主要问题

在社会主义市场经济条件下如何壮大农村集体经济，是我们党在"三农"工作中始终关注的焦点和致力于解决的历史性课题。迈入新时代，发展农村集体经济被赋予了新的价值蕴涵，这是我国农村改革与发展的基本方向，也是实施乡村振兴战略的重要抓手，贯穿巩固和完善我国统分结合双层经营体制的始终。

第一节　新时代中国农村集体经济发展的价值意蕴

农村集体经济的繁荣，不仅关系到我国基本经济制度的巩固与完善，而且关系到和谐社会和共享发展的大局，对于全面推进中国特色社会主义事业具有重要的现实意义与深远的历史意义，是引领农民实现共同富裕的一项基础性、长期性的战略任务。

一、巩固和完善农村统分结合双层经营体制的题中之义

自党的十一届三中全会召开以后，我国农村地区通过经济体制改革，废除了过去集中劳动、集中经营和集中分配的管理体制，实行农村土地集体所有、经营权、使用权与所有权分离，建立起以家庭承包经营为基础、

统分结合的双层经营体制，并逐渐成为我国农村的基本经营制度。从理论上看，这一经营体制形式灵活、内涵丰富，符合我国基本国情和农情，不仅与我国当前农村生产力发展水平总体较低、发展呈多层次性的鲜明特点相适合，实现集体统一经营和劳动者自主经营两个积极性同时得到充分发挥，而且也使得农村集体经济具有旺盛的生命力与广泛的适应性，能较好地满足社会主义市场经济体制的发展要求。党的十三届八中全会报告曾经指出：作为中国共产党的一项伟大创举，统分结合的双层经营体制不仅有力地解决了广大农民的温饱问题，同时推动农村集体经济的自我完善和发展直至壮大，必须长期坚持，绝不动摇。改革开放以来的实践也充分证明，作为中国共产党在农村政策的基石，统分结合的双层经营体制符合我国农业的生产特点，具有宜统则统、宜分则分的特性。

"统分结合"是密不可分的一个有机整体。其中，"统"与"分"两个层次分别是指集体统一经营、家庭分散经营。"分"是"统"的基础，"统"是"分"的保障，二者之间相互依存、相互作用、互为补充，协调发展。具体而言：在"分"的层次上，主要是指农村以家庭为单位的分散型农业生产。在土地集体所有的基础上，土地经营权归属于农民所有，以农户家庭为单位负责农业生产，这种小规模的生产经营方式继承和发扬了家庭承包经营理论的优越性，是农业生产力发展的多层次性的现实体现，适合农作物的生长特性与农业生产的自然性；同时，在一定程度上降低了管理成本，有助于调动广大农民生产的主动性、积极性与创造性，从而有效增强农村经济主体的发展活力。在"统"的层次上，则是指农村集体经济的发展壮大，利用集体经营来弥补家庭分散经营的固有缺陷与不足，一方面最大限度地降低了市场交易费用，提高了农业产业资本的使用效益；另一方面，为农户家庭的生产经营提供产前、产中、产后环节的服务，有效提高了家庭经营的经济效益。譬如，在"产前"为农户提供全面及时的市场信息服务，以及生产所需的大型农具机械、原材料等，为家庭生产提供良好的生产条件和基础保障；在"产中"为农户提供科学先进的技术服务；在"产后"指导农户进行农产品深度加工，打造特色品牌，提高农产品附加值，同时增强农户的市场博弈力量，以克服家庭经营所面临的"小生产"与"大市场"的矛盾,通过集体统一经营提高农业生产效率,进而实现农业经营的专业化、现代化、产业化、市场化和适度规模化。另外,应当指出的是,发挥"统"的作用,并不是要取代家庭经营,更不是要回归计划经济条件下人民公社实行的"统一生产、统一劳动、统一分配、统一管理"的高度统一经营模式,而是强调"统"对"分"的促进与保障作用。换言之,"统"是农户家庭之间的合作与联合,是要通过建立多层次、多元化、全方位的生产经营服务体系,为家庭经营提供优质高效的服务。

但是,在农村实践中,农村集体经济发展"短腿"现象是造成双层经营体制低效运转的重要因素。由于忽视了双层经营体制的配套完善,市场经济条件下双层经营体制普遍存在强"分"弱"统"的现象,即家庭承包经营责任制中的农户家庭经营层面得到了充分发挥,"分"的作用十分突出,而集体经营层面却发展步伐缓慢,导致"统"的职能大打折扣,甚至出现"统"有名无实,这就使得分散的家庭生产经营模式越来越表现出封闭性与狭隘性,越来越不适应农村市场经济和社会化大生产的发展需要,严重威胁了农村统分结合的双层经营体制的存续与发展。因此,随着农村生产力的快速发展,要求我们辩证审视农村双层经营体制中集体统一经营与家庭分散经营的关系,准确把握统分结合的实质,努力协调"统分度",以使其在发挥家庭经营内在优越性的同时,更加注重发挥农村集体经营层面的应有功效,认识到如果没有农村集体经济的发展,农村"统分结合、双层经营"的基本经营制度就会被虚化。

从这一维度上看,农村集体经济的发展壮大彰显了双层经营体制的合理内核,是不断巩固和完善统分结合双层经营体制的题中应有之义。迈入新时代,增强"统"的实力,进一步完善农村集体经营层面,创新农村集体经济经营形式,着力推动农村集体经济由低水平到高水平迈进,有利于扭转"统一经营"层面功能弱化的局面,有利于真正实现"统"与"分"之间的有效融合与良性互动。这既是农村社会生产力发展的本质要求,也是我国农村经济发展的必然选择。

二、巩固拓展脱贫成果、带领农民实现共同富裕的根本保障

1. 农村集体经济是增强脱贫地区和脱贫群众内生发展动力的重要基础

随着现行标准下的农村贫困人口全部脱贫，农村扶贫工作将由解决原发性绝对贫困转变至解决次生性相对贫困的新阶段。面对全球经济下行、产业转型等带来的诸多不确定性，相对贫困治理的系统性、综合性以及可持续性的要求会更高。在这种复杂多变的背景下，发展农村集体经济，有助于持续有效地提升农业农村发展的内源动力，确保广大农民稳定脱贫和防止返贫，为实现高质量脱贫提供坚强保障。习近平在《摆脱贫困》一书中曾经指出："在扶贫中，要注意增强乡村两级集体经济实力，否则，整个扶贫工作将缺少基本的保障和失去强大的动力，已经取得的扶贫成果也就有丧失的危险。"[①] 2023 年 4 月，习近平在广东考察时强调："发展新型农村集体经济，深入实施乡村建设行动，促进共同富裕。持续做好防止返贫动态监测和常态化帮扶，防止出现返贫。"[②]

第一，农村集体经济是农村地区经济发展的重要依托，是增强脱贫地区"造血"功能的有效途径。2016 年中央一号文件提出要深化农村集体产权制度改革，之后我国出台的连续多个一号文件都围绕推动农村集体经济组织构建与农村集体产权制度改革，为发展农村集体经济指明了发展方向。在国家政策方针的指引下，一些地区积极探索发展农村集体经济的多元化实现形式，根据自身地理区位条件，整合当地特色资源，调整农业生产结构，改善农业生产条件，推进农村经济发展社会化，并鼓励和引导农民参与其中，通过不断发展和增强集体经济实力，创造了更多的集体积累，使得脱贫地区的"造血"功能大幅增强。

第二，农村集体经济是脱贫地区产业振兴的重要基础。产业发展是从业农民获得持续稳定收入的有力保障，但是个体在生产规模、生产技术、

---

① 习近平. 摆脱贫困 [M]. 福州：福建人民出版社，1992：141.
② 坚定不移全面深化改革扩大高水平对外开放　在推进中国式现代化建设中走在前列 [N]. 人民日报，2023 - 04 - 14（001）.

信息获取渠道、市场竞争力等方面无法与规模经营主体相媲美，农村集体经济组织能够将广大农户组织起来，在村集体的基础上完成产业项目和资金的对接，并为他们提供产业选择、技术培训、市场衔接和资金保障等方面的服务，采用"企业＋村集体＋农户"等多种模式推进产业融合纵深向发展，通过创新产业项目实施方式促进集体经济发展，让脱贫人口能够持续享受集体资产收益。

第三，农村集体经济是脱贫地区构建长效机制的内在要求。巩固脱贫成果防止返贫，确保脱贫成果经得起历史检验。对于大多数的农户而言，农业收入是其主要的收入来源。精准扶贫可以在短期上、暂时性地提高农民收入，促使其脱贫，但是在脱贫攻坚任务结束以后一些地区仍面临着返贫风险。因此，为了确保广大农民能够真正实现稳定脱贫、必须建立健全长效机制，坚决防止返贫，村集体经济的功能作用显得至关重要。通过壮大集体经济能够解决农民生产、就业、创业等方面的现实问题，凝聚资源优势，拓宽收入来源，激发农村地区发展的内生动力，提升其综合发展的能力，为长久稳定脱贫奠定坚实的物质保障。譬如通过"党支部＋合作社＋农户"等形式发展村级集体经济，将党支部的政治引领、村庄的抱团发展和广大群众的能动作用等要素有效融合，实现创新开发与村集体经济发展协同共进。近些年，不少地区正是依靠特色产业、乡村旅游以及劳动力转移等方式实现脱贫，其中村集体经济所作的贡献不容小觑。

2. 农村集体经济是实现农民共同富裕的重要载体和根本保障

第一，促进农村生产力的发展，为共同富裕提供可靠的物质基础。农村集体经济在以家庭经营为基础的同时，与合作经营等构成农村经济发展体系，将分散的生产要素资源联合起来，不断融合与创新多种多样的发展模式，改善农村生产条件，提高农业生产效率，扩大农业生产规模，有利于农村生产力的进一步解放和发展，通过规模化的生产经营方式获取更大的规模效益，丰富与扩充了农村社会的物质财富，带领广大农民由"生活宽裕"走向"生活富裕"、由"富裕"走向"共同富裕"。

第二，促进农村经济组织形式的完善，为共同富裕提供组织保障。作为基层政府和农民群众之间的沟通桥梁，农村集体经济组织本身具有"益贫性"的功能属性，能够成为农民经济利益的代言者与合法权益的捍卫者。随着农村集体经济组织的规范化发展，一方面，集体经济组织利益与成员的经济利益是紧密挂钩的，可以利用科学合理的分配机制进行利润分配或剩余返还，加上有效的监督机制，有利于维护农户的财产权利，提高其经济利益。另一方面，集体经济组织能够使农户之间在责、权、利上拥有平等地位，这在一定程度上防范了企业公司、种养大户等对普通社员收益的肆意侵占，避免农村两极分化。另外，还可利用组织化的力量在养老、医疗和救助等社会保障方面为农户提供必要的"保险绳"。从这一维度上看，我国的社会主义国家性质与农村集体经济的公有性质决定了农村集体经济组织可以兼顾"效率"与"公平"，在缩小贫富差距、实现农村内部的共同富裕方面具有极其重要的意义。

第三，拓宽农民增收渠道，为共同富裕提供现实可能。农民收入的稳步提高是发展农村经济的落脚点和归宿点，也是我国"三农"问题的核心。在市场经济条件下，农村集体经济通过劳动联合和资本联合，以集体化、规模化、组织化的劳动协作，为农民提供大量的就业岗位和创业机会，实现了"离土不离乡，就业不离家"；同时，农村集体经济作为一个中介桥梁，具有内可聚合分散农户，外可有效联结市场的地位优势，能够帮助农民提高市场谈判能力，降低交易成本，提高农产品市场价格，从而保障农民收入的可持续性增高；此外，农村集体经济还能进一步拓宽农民收入渠道，通过建立社区股份合作社、土地股份合作社等新型农村集体经济实现形式，农民不仅可以凭借劳动参与获得工资性收入，还能获得股份分红获得财产性收入，形成了收入来源的多元化。这样，农村集体经济收益就以集体积累和集体分配的形式惠及全体村民，使农民能够真正分享集体经济发展的"大蛋糕"，实现共富。

大量实践表明，农民人均收入水平与农村集体经济发展程度呈明显的正相关关系，即"集体富，村民富；集体穷，村民穷。"依托发达的农村集体经济，农民的生产生活条件往往更好，收入水平更高，幸福感、获得感和安全感也更加充实，社会贫富差距更小，更容易实现和谐稳定、共同富裕的发展目标。这也充分说明了增强农村集体经济实力，是增进农民福祉，让农民共享改革发展成果的一条重要途径。

三、实现中国特色农业现代化的必由之路

农业现代化是指由传统农业向现代农业逐步转化的过程中，广泛利用现代科学技术、现代工业装备、现代管理方式与先进理念等现代化的要素进行综合性的改造与完善，着力创造一个高产、优质、低耗的农业生产体系和资源合理利用、自然环境良好且较高转化效率的农业生态系统，促使中国农业生产力迈向当代世界先进水平。立足新的历史时期，基于对农业发展规律的深刻把握，2022 年党的二十大报告中指出，基本实现新型工业化、信息化、城镇化、农业现代化是我国发展的总体目标之一，要坚持农业农村优先发展，加快建设农业强国，这为我国农业现代化道路明晰了前进方向。客观而言，集体经济有助于实现农业集约化、规模化生产，而农业集约化、规模化生产正是农业现代化的内涵要求。从这一角度看，中国特色农业现代化的发展与农村集体经济实力的提升具有内在的一致性。正如习近平总书记在《摆脱贫困》一书中强调，"乡村集体经济实力的发展与农业的振兴是相互依存、荣衰与共的"[①]。具体而言，主要体现在以下三个方面：

1. 农村集体经济的发展有利于实现农业主体的现代化

农民作为农业现代化的创作主体与价值主体，必须首先实现现代化，这是农业现代化的核心目标，也是践行以人为本原则的基本要求。农民的现代化主要包括农民生产方式的现代化、生活方式的现代化与价值观念的现代化。第一，在生产方式上，农村集体经济的发展对于改革传统落后的生产方式、引入和更新现代化生产技术具有不可替代的作用。譬如通过建

---

① 习近平. 摆脱贫困 [M]. 福州：福建人民出版社，1992：143.

立专业合作组织开展农业技术研发、宣传和推广工作，帮助农户了解和掌握先进的农业技能，不仅解决了农民在科学技术上的盲目性，也进一步提高了我国农业技术对农业增长的贡献率，促进农业生产的专业化、机械化、自动化。第二，在生活方式上，新型农村集体经济具有民办性、开放性、合作性和专业性等特点，能办成许多地方政府和社区组织包揽不了、单家独户也做不成的事情，其经济实力的壮大可以提供覆盖生产环节到流通环节的综合性服务，为农民生活水平、生活质量的改善提供坚实的物质保障。第三，在价值观念上，农村集体经济的发展唤醒和增强了农民的主体自觉性与创造性，让农民实实在在地感受到社会主义的优势和好处，随着集体主义的意识与观念日益深入人心，社会主义核心价值体系在农村持续渗透，农民的整体素质也得到不断提升，从而进一步塑造农民的现代化。

2. 农村集体经济的发展有利于实现农业产业的现代化

农业产业化是农村改革的必然趋势，也是农业现代化的一个重要方面。积极推进农业产业化经营，要求注重提高农民进入市场的组织化程度与农业综合效益，而农村集体经济能够在实现集约经营、资金积累、资源配置等方面为加快农业产业化提供强大助力。第一，集约经营方面，在现行土地制度的基础上通过多种组织形式发展农村集体经济，是适应农业规模化、集约化、社会化生产的客观要求，也是化解小规模生产与大市场矛盾，降低交易成本、提高农业生产效率和扩大特色集体产业规模的有效途径。第二，资金积累方面，国家和地方财政资金直接投入农业生产的比重毕竟有限且中间环节耗费较多，单独依靠农民自筹也不现实，农村集体经济的发展则可以在增加资金积累、优化投资结构方面发挥举足轻重的作用，有助于解决农业产业化过程中资金投入不足等问题。第三，资源配置方面，农村集体经济能够盘活村集体的各类生产要素，对土地、技术、人才等资源资产进行合理配置与高效利用，力图实现资源的帕累托最优状态，同时通过挖掘本地优势资源和延伸特色产业链，实现农业产业的转型升级，提升农业生产的深度与广度，促进一二三产业融合发展，以进一步增强农村农业发展后劲。

3. 农村集体经济的发展有利于实现农业环境的现代化

第一，在生态环境上，生态文明建设作为中国农业可持续发展战略的重要组成部分，与农业现代化是相互协调、共同发展的良性互动关系，而农村集体经济的科学发展方向与理性发展思路彰显了资源节约、环境友好的价值追求，能够为维系良好的农业生态环境、实现人与自然和谐发展注入澎湃动力；第二，在基础设施建设上，国家财政转移支付难以完全承担农村基础设施建设和公共产品供给，依赖单个农户的微薄力量也十分困难，面对这一瓶颈，强大的农村集体经济是不可或缺的关键力量，可以利用集体积累作为补充，或成为农村基础设施建设的主力军，以减轻国家和地方的财政负担；第三，在乡村治理上，农村集体经济能够将农民有效组织起来，在重塑乡村秩序、构建乡村文化体系、提高村级组织能力与管理能力上奠定必要的组织基础，同时有助于增强广大农民群众对于集体发展的认同感与同心力，进而为农业现代化营造积极的社会氛围。

四、巩固和增强党在农村执政基础与执政地位的重要支撑

早在 2010 年，习近平总书记就在全国组织部长会议上指出，"要坚持党在农村的基本经济制度和基本政策，把发展壮大村级集体经济作为基层党组织一项重大而又紧迫的任务来抓，着力破解村级集体经济发展难题，增强基层党组织的凝聚力，提高村级组织服务群众的能力。"这充分说明了发展农村集体经济在当前基层党组织建设中的重要性和迫切性。

1. 农村集体经济是保证农村基层党组织有序运转的物质基础

自 2003 年农村税费改革后，农村公共事业建设的部分费用转嫁至村集体，一些村级集体经济实力薄弱，或者根本没有集体收入的农村只能勉强满足村级组织日常运转的需要，有些地区甚至正常运转都举步维艰，无法形成有效的集体积累。由于缺乏经费保障，许多农村地区的集体经济组织

和基层政权出现虚化、弱化，甚至边缘化的趋势。一些农村基层党组织还存在建设不规范，组织活动不活跃，比如面临形式上"在场"与实质上"缺位"的尴尬处境。与之相反，在集体经济实力雄厚的农村地区，基层党组织有足够的经济实力为本地村民办实事、办好事，提供更优质的生产生活服务，实现强村富民，农村基层党组织因此获得了群众的支持、拥护和爱戴，基层党组织的形象与威望也不断得到巩固和提高。实践证明，农村集体经济能够为基层党组织建设提供必要的物质基础，其兴衰强弱直接影响着基层党组织功能的充分发挥。

2. 农村集体经济是提升农村基层党组织的凝聚力、号召力与战斗力的客观需要

农村基层党组织在广大群众中的凝聚力与号召力关系到党的路线、方针、政策在广大农村的贯彻和落实，关系到农村地区社会主义阵地的稳固与发展。依托农村集体经济的发展，有助于强化基层党组织的战斗堡垒作用，同时积极发挥党员的先锋模范作用，解决广大群众在生产生活中遇到的实际问题，提高带领广大群众参与和发展农村社会主义市场经济的能力和本领。农村党支部是党在农村全部工作和战斗力的基础。许多的正反经验表明，凡是农村集体经济实力强的农村，党群干群关系更为密切和融洽，党支部的凝聚力、号召力与战斗力更强；凡是农村集体经济实力弱的农村，干群关系日益紧张，社会矛盾纠纷丛生，党支部的凝聚力和战斗力则较弱。长此以往，党支部在群众当中会逐渐失去公信力，其在农村现代化建设事业上的领导核心作用也会趋于弱化。因此，为了筑牢党在农村的执政基础，有效提高党组织在农村基层驾驭市场、抵御风险等各项能力，必须高度重视农村集体经济的发展。

3. 农村集体经济是加强农村基层民主政治建设的有效途径

经济基础决定上层建筑，农村集体经济的发展与我国农村民主政治的历史进程有着较强的关联性，在基层民主建设方面发挥着明显的促进作用。集体经济的发展，将会使中国乡村民主、乡村治理和乡村政治发展走出一条既不同于西方，又不同于改革前的道路①。客观而言，农村集体经济组织与农村治理组织形式在一定程度上具有天然的同构性。与其他类型的组织不同，农村集体经济组织的主要目的在于实现集体的经济利益，同时提高成员个人收益。作为基层政府与农户群众的桥梁纽带，这一组织有更多机会与政府展开有效对话，集中反映农民的意愿与诉求，政府也能直接倾听群众的心声，了解和解决农民所急所需，并掌握农村经济社会发展的实际状况。这样，在科学的制度设计与组织结构下，随着农村集体经济发展水平的提高与组织形式的创新，农民群众的民主意识也会逐渐增强，参与民主管理的积极性和主动性会大幅提高，有利于农民获得稳定的经济地位和政治地位，有利于巩固村庄共同体和农村基层政权，维护我国农村社会的政治稳定。

综上所述，农村集体经济的发展壮大，不仅是经济基础层面的问题，而且是上层建筑层面的问题。中国共产党一再强调，农村集体经济"以家庭承包经营为基础、统分结合的双层经营体制，是适应社会主义市场经济体制、符合农业生产特点的农村基本经营制度，是党的农村政策的基石，必须毫不动摇地坚持"②。农村集体经济是社会主义市场经济的微观基础，也是党的农村基层组织的经济基础，更是中国特色社会主义的本质体现。它既是农村经济改革发展的"助推器"，同时也是维系社会良序运转的"稳定器"。着眼于新时代，探索和创新农村集体经济发展的多元化实现形式，不仅是彰显中国特色社会主义市场经济内在要求与完善双层经营体制的必然选择，也是筑牢夯实党在农村执政基础和巩固执政地位的迫切需要。

第二节　新时代中国农村集体经济发展的现实基础

经过改革开放 40 多年的发展，我国社会经济水平获得整体提升，生产

---

①　徐勇. 从中国实际出发探讨乡村治理之道的佳作——读《集体经济背景下的乡村治理》[N]. 中华读书报，2003 - 04 - 09.

②　十七大以来重要文献选编（上）[M]. 北京：中央文献出版社，2009：674.

力的快速发展为农村集体经济提供了诸多有利条件，以工补农、以城带乡已经具备了坚实的物质基础。同时，乡村振兴战略实施以及广大农民群众对集体经济的强烈意愿，使得在社会主义市场经济的条件下发展壮大农村集体经济具有相当必要性与现实可能性。立足新的历史方位，我国农村集体经济迎来了前所未有的发展机遇。

一、新型工业化的快速发展

改革开放 40 多年来，我国工业化建设所取得的历史性成就是有目共睹的。工业化的快速发展，为我国加快实现农业现代化提供了物质准备，同时也为农村集体经济的发展壮大奠定了必不可少的物质基础。

1. 工业化促进了农业机械化的发展，而机械化水平的提升为我国加速实现农业集约化、集体化创造了日益丰富的物质条件

随着社会生产力的不断进步，人类社会逐渐从农业社会迈向工业社会，究其实质，就是实现传统小农经济小生产向工业社会化大生产的积极转变。与小农经济自给自足的发展目的不同，工业社会化大生产的目的旨在满足全社会万千变化的多种需求。当前，在适应工业社会化大生产的条件下，广泛采用现代先进的科学技术装备进行农业生产，促使各个生产单位分散的小批量生产逐步转化为专门行业的大批量生产，推动了农业发展从传统农业向现代农业的加速转型，大大提高了农业生产的专业化、机械化、智能化与自动化水平。这是提高农业产能和生产效率的有效途径，对于提高农业的规模化与集约化程度也是大有裨益的。

2. 工业化带动了城镇化的发展进程，转移了大量的农村人口到城镇就业，农业剩余劳动力的减少为推进农业适度规模经营提供了前提条件

伴随工业化与城镇化的持续深入，我国农村经济发展的环境与条件发生了巨大变化。一方面，我国农民进一步分化，且分化程度越来越高，这使得部分农民开始完全脱离农业生产，转向从事其他产业。如此一来，农业剩余劳动力数量减少,传统意义上的农民逐渐细分为真正从事农业生产的农民和仅为户籍上的农民。这种情况下,不仅可以通过依法流转土地承包经营权促成土地承包大户,而且还可以通过土地承包经营向集体经济组织集中来实现农业的适度规模经营。

3. 工业化为农村经济改革与发展提供了重要积累

过去,中国在很长的一段时期内都实行的是工业优先、城市优先的发展战略,形成了农业养育工业的发展模式,改革开放之后虽然工业、城市得到了长足发展,但由于农业剩余受到了超量榨取,且缺乏微观有效的农村集体化制度,导致农村整体经济发展水平较低,农业农村成为当时国家发展的一块短板。面对畸形发展的窘境,国家意识到农业农村发展对于推进国家整体发展的重要作用,将重心重新转移到乡村。2006 年中央一号文件《中共中央、国务院关于推进社会主义新农村建设的若干意见》首次明确提出建立以工促农,以城带乡的长效机制,其后连续多个中央文件也进一步强调要加大对"三农"的支持力度与政策倾斜。当前,农村经济发展受到各级政府的高度关注,我国总体上已经进入了以工促农、以城带乡的发展新阶段,这不仅对农村经济适时调整和优化产业结构,扩大经营规模,提高生产技术水平等方面提出了新的要求,而且有助于引导工业利润回流至农村。在这一过程中,农村集体经济正是工业反哺农业、城市反哺农村的最佳结合点。具体而言,主要体现在对农村发展给予资金、人力、技术、管理、基础设施等诸多方面上的支持和补贴。对此,农村只有在以农村集体形式下的发展单元,即农村集体经济组织才能把这些资源进行有效聚合与合理配置,以充分发挥出带动农村经济发展的正向效应。

回眸我国沿海地区的经济发展历程,就是工业化推动农村集体经济发展的最好印证。譬如广东东莞等地在改革开放以前工业发展缓慢,经济水平普遍不高,改革开放以后随着工业社会化程度的提高,地区经济实现了跨越式发展,农村集体经济的发展步伐蹄疾步稳,总体实力显著增强,而集体经济的积累反过来又为当地第二、第三产业的进一步发展奠定了坚实的基础,从而形成了经济发展的良性循环,成为我国当代发展速度最快、最精彩地区的一个典型代表。

二、乡村振兴战略的全面实施

2017年10月，党的十九大召开，以习近平同志为核心的党中央深刻把握现代化建设的客观规律与城乡关系的时代特征，着眼于全面建成小康社会和巩固党在农村的执政基础、着眼于加快农业农村现代化步伐和顺应亿万农民对美好生活的向往、着眼于建设社会主义现代化强国和实现中华民族的伟大复兴，首次提出了实施乡村振兴战略的重大决策部署，并明确指出这一战略的总方针是坚持农业农村优先发展，总目标是实现农业农村的现代化，这表明我们党把"三农"工作的重要性提升至新的历史高度。

2018年中央一号文件《中共中央、国务院关于实施乡村振兴战略的意见》的正式出台，标志着开启了新时代乡村全面振兴的崭新篇章，乡村振兴战略成为新时代"三农"工作的总抓手。文件立足于乡村振兴战略的重大现实意义，对坚持农业农村优先发展提出了总体要求，并围绕乡村振兴战略这一主题明确了指导思想与发展任务，涵盖了乡村发展的众多方面，包括农业发展方式、创新农村内生发展的体制机制、强化人才支撑、加大乡村振兴投入保障等一系列领域，针对培育乡村发展新动能、构建乡村治理新体系、繁荣兴盛农村文化、推进乡村绿色发展等方面作出了全面的规划安排。同时，文件还提出要始终坚持以维护农民群众根本利益、促进农民共同富裕作为出发点和落脚点，不断提升农民群众的幸福感、获得感、安全感作为基本原则。可以看出，该文件中关于推进乡村振兴战略的顶层设计和系统部署对于国家战略重心转移至农村地区以及加速推动农业农村二次振兴目标的实现奠定了扎实的基础，细化实化了农业农村优先发展的制度安排，对农业农村的整体发展都是非常有利的。特别是提出了巩固和完善农村基本经营制度，深化农村土地制度改革，深入推进农村集体产权制度改革，完善农业支持保护制度，大力培育新型职业农民，完善党的农村工作领导体制机制等，这些为农村集体经济的加快发展提供了全方位的制度体制支撑，有利于在更大程度上激发我国农村集体经济的发展潜能。

　　为了确保乡村振兴战略的落实落地，同年 9 月，中共中央、国务院印发了《乡村振兴战略规划（2018－2022 年)》（以下简称《规划》），成为指导地方各部门结合自身实际贯彻落实、分类有序推进乡村振兴战略的重要依据。这一规划以习近平关于"三农"工作的重要论述为指导，制定了详细的"时间表"和"路线图"，对乡村振兴战略的具体实施作出了更为明确的阶段性谋划，力图到 2050 年实现乡村全面振兴，农业强、农村美、农民富的宏伟图景。《规划》提出了"产业兴旺、生态宜居、乡风文明、治理有效、生活富裕"① 的总要求，其中，将集体经济强村比重作为"治理有效"方面的五个重要指标之一。另外，还突出强调要不断完善农村土地集体所有制和双层经营体制，注重新型农村集体经济的发展壮大，并第一次将"新型农村集体济振兴计划"纳入"现代农业经营体系培育工程"，着力构建现代化的农业经营体系，引导和鼓励通过多种形式开展适度规模经营，进一步提高农业的集约化、组织化、社会化和专业化水平。同时，《规划》明确提出要"深入推进农村集体产权制度改革，推动实行资源变资产、资金变股金、农民变股东，发展多种形式的股份合作；研究和制定农村集体经济组织法，充实农村集体产权权能；鼓励经济实力强的农村集体组织辐射带动周边村庄共同发展；发挥村级党组织对集体经济组织的领导核心作用，防止内部少数人控制和外部资本侵占集体资产"②。显然，促进农村集体经济健康发展是实施乡村振兴战略的重要任务和关键举措，这些符合时代发展趋势的前瞻性战略考量，有力地推动了我国农村集体经济体制的改革与创新。2023 年中央一号文件《中共中央、国务院关于做好2023 年全面推进乡村振兴重点工作的意见》围绕发展新型农村集体经济作出了部署安排，指出工作重点是做好农村集体产权制度改革的下半篇文章，巩固拓展改革成果。既要抓好运行机制的完善，也要探索多样化发展途径，提高集体经济收入和服务带动能力。同时，要健全农村集体资产监管体系，充分保障集体成员的知情权、参与权、经营权。

　　质言之，关于乡村振兴与农村集体经济二者之间的关系：一方面，发

---

　　①② 中共中央、国务院印发《乡村振兴战略规划（2018—2022 年)》［N］. 人民日报，2018－09－27（001）.

展壮大农村集体经济是乡村振兴战略的应有之义，主要体现在：发展集体经济是推进乡村产业兴旺的关键支撑；是建设生态宜居乡村和增强文明乡风软实力的物质基础；能够为构建合理高效的乡村治理体系提供组织保障；同时，发展集体经济还是增加农民收入、促进共同富裕的必然要求。另一方面，乡村振兴战略的实施为发展农村集体经济提供了强大助力。作为关系全面建设社会主义现代化国家的历史性、全局性任务，乡村振兴战略在我国"三农"发展进程中具有划时代的里程碑意义，有助于加快推动农业的全面升级、农村的全面进步、农民的全面发展。在制度红利不断释放的背景下，我国农村集体经济迎来了前所未有的时代机遇，其发展活力与发展动能得到显著提升。

三、良好的群众基础日益深厚

随着农村改革的不断深入，基于全国对农村集体经济的重新认识与国家强有力的引导支持，新时代农村集体经济发展的内部条件正在逐步形成，良好的群众基础日益广泛，具体而言，主要体现在以下几个方面：

1. 中国农村改革和发展培养了一大批现代农民，是发展壮大农村集体经济的主体保障

改革开放40多年以来，尽管在城镇化进程中大量的农村劳动力流向了大中型城市，但我国农村改革与发展的伟大实践，也造就了一批立足农村、发展农村的现代农民。究其原因，主要在于：第一，随着农村商品经济的快速发展，广大农民逐渐摒弃了传统小农经济思想观念，在市场经济的浪潮中不断增强商品经济意识，不断提升自身在市场中的竞争能力与话语权。第二，由于国家对农村教育和农民培训的高度重视，及时出台并认真贯彻落实了具有针对性的一系列政策措施，使得农村地区的基础教育、职业教育的发展步伐明显加快，大大增加了农民接受专业技术培训的渠道和机会，广大农民的科学文化素质和职业技能水平获得大幅度提升。目前，我国相当部分的农民已经具备了中等教育文化程度。第三，国家

实行了派遣大学生村官、强化农业行政管理人才队伍建设以及鼓励培育新型职业农民等行之有效的重要举措。这些为我国农业和农村的长足发展，特别是农村集体经济的持续发展储备了不可或缺的人力资源与智力支持。

2. 广大农民的发展意愿和需求日益强烈，对农村集体经济的发展具有积极的推动作用

第一，农民认知上的转变为新型农村集体经济发展营造了较好的社会氛围。在传统的农村集体经济组织中，平均分配的体制导致"磨洋工"现象普遍存在，农民生产积极性遭受严重打击，农业生产效率十分低下。这使得不少农民对农村集体经济组织持消极态度，并主观认为重提农村新型集体经济就是回归到人民公社时期的老路。党的十八大以来，在中国共产党的科学领导下，一些地方农村新型集体经济组织建设的试点工作成绩斐然，广大农民群众对集体主义的认可度也随之不断提高，为农村集体经济组织形式的创新发展奠定了良好基础。第二，农民对通过壮大农村集体经济实现共同发展、共同致富的意愿日益增长。这是因为，在当前中国农村经济体制下，农民作为农村集体经济组织的成员，其所在村级经济组织的发展与农民自身生活质量之间存在着"水涨船高"的正向关联。即集体富，村民富；集体穷，村民穷；集体空，民心散。农村集体经济的发展，不仅能够提高村民的收入水平，减轻村民对建设基础设施、整治公共环境等方面的负担、还能够在更大程度上扩大村民的政治参与，改善他们的福利水平。因此，广大农民群众在生活水平得到明显改善之后，对于壮大农村集体经济实力的愿望与呼声越发高涨，迫切希望通过集体发展创造更丰富的公共产品与优质服务，这也是农民共享国家改革发展成果的直接体现。当然，他们并不是要重复过去以"一大二公、一平二调、归大堆"为特点的集体经济，而是要求在充分尊重农民意愿的基础上，通过互利合作，整合资源，凝聚发展合力，因地制宜地发展多种形式的新型农村集体经济。

3. 我国农民的组织化程度得到了实质性提升，是农村集体经济发展壮大的前提条件

历经多年的农业社会主义改造与发展过程，我国农民群众本身对社会主义、对农村集体经济具有深厚的感情与较强的依赖感，随着农村集体经济组织成为繁荣农村经济、促进农业现代化和产业化，带动农民收入增长的有效手段，组织化日渐成为农民的共识。一些由农民逐步改变了分散经营的小农生产模式，以市场为导向，践行共享发展理念，自发成立了多种形式的新型农村集体经济组织，涌现了一大批规模经营水平与组织化程度较高的新型农业经营主体，表明"农村集体主义道德在理性回归，而且发生了前所未有的新跃升"[1]，农民因共同利益形成了一个紧密的整体。据统计，2019 年初我国新型经营主体总量已超过 850 万家[2]。

四、国内成功实践提供有益经验

农村集体经济制度是国家制度性安排的宝贵财富。[3] 长期以来，我们党一直在积极探索推动集体经济发展的有效途径，在中国农村经济体制改革的进程中，尽管总体上双层经营体制呈现重分轻统的格局，全国农村集体经济的整体发展水平不理想，且各地区农村集体经济发展态势极不平衡，但是，也有一些地方顺应时代趋势，把握客观规律，适时转变集体经济的实现形式，坚持发展农村集体经济并取得了颇多丰硕成果的成功实践，为我们提供了新型农村集体经济的鲜活样本。

随着我国农村经营体制改革的不断深化与制度创新，在中国共产党的科学领导下，一些省市和诸多农村地区经过艰苦探索和不懈努力，蹚出了在社会主义市场经济条件下，通过创新农村集体经济实现形式带动农民增收致富的一条新路子，为全国更广范围、更大规模地推进农村集体经济发

---

① 乔法容，张博. 当代中国农村集体主义道德的新元素新维度——以制度变迁下的农村农民合作社新型主体为背景 [J]. 伦理学研究，2014（6）：7-14.

② 参考历年《中国统计年鉴》。

③ 王世杰. 发展村集体经济是实现乡村振兴的关键抓手——塘约重走合作化道路的启示 [J]. 理论与当代，2018（4）：4-7.

展树立了榜样典范。无论是在东部沿海（山东省烟台市南山村），还是西北边陲（新疆尉犁县兴平乡达西村）；无论是在彩云之南（云南省昆明市福保村），还是在黑山白水之间（黑龙江省甘南县兴十四村）；也无论是在中原腹地（河南省临颍县南街村、新乡县刘庄村等），还是在改革开放的前沿（广东省中山市南朗镇崖口村），都有发展农村集体经济的典型代表。[①]

这些农村集体经济组织的发展保持着较好态势，其所从事的业务结构不断完善，业务范围不断扩展，逐渐由服务缺失状态或仅仅提供单项服务转变为生产经营提供综合性的服务，譬如开展生产加销售的综合服务、提供技术信息服务、运销服务、仓储服务、加工服务等。这些成功实践犹如星星之火一般闪耀在中国大地，为农村经济发展树立起了一面面富有影响力和号召力的鲜明旗帜，指引广大农民迈向共同富裕的发展道路。

以珠三角地区最为典型，改革开放40多年以来，作为中国改革开放的"排头兵""先行地"和"试验田"，珠三角地区的农村集体经济无论是在发展规模、发展速度还是发展效益，都在全省乃至全国占据着重要地位。随着农村集体经济总量的不断增长，一些相对发达的村级集体经济已经成为当地富有活力的经济增长极。以东莞为例，正是依靠农村集体经济的迅速崛起，东莞从传统的农业县发展成为新兴的工业城市，打造了令世界惊叹的"东莞模式"。2013年全市村组两级净资产首次突破千亿元大关，2017年全市28个镇全部入选全国千强镇，村组两级集体经营总收入突破200亿元。2019年东莞政府工作报告指出，2018年村组两级纯收入突破150亿元，增长14.5%。其集体经济的快速发展不仅对该地经济和社会发展具有重要贡献，而且成为吸纳就业、促进财政增收和实现农村富裕的主要途径。

总之，这些成功实践一方面表明在新的历史形势下，走集体化的道路能够有效克服家庭联产承包责任制的一些固有缺陷和弊端，能够进一步解放和发展农村生产力，促进我国农村经济社会的全面进步；另一方面，对

---

① 彭海红. 中国农村集体经济的现状及发展前景 [J]. 江苏农村经济, 2011 (1): 25-26.

于其他地区发展农村集体经济具有积极的示范效应，积累了诸多可资借鉴的宝贵经验。可以预见，如果国家政策举措适时得当，加上集体经济组织的日渐成熟，未来我国农村集体经济必然会"星星之火，可以燎原"。

第三节　新时代农村集体经济发展面临的主要问题及其原因

改革开放特别是党的十八大以来，在中国共产党的科学领导下，我国农村集体经济的发展速度明显加快，整体发展规模有所扩大，但是应当看到，现实发展水平、发展层次与发展目标之间尚存差距，农村集体经济发展在理论与实践层面仍面临许多问题。

一、新时代中国农村集体经济发展面临的主要问题

1. 农村集体经济产权不清、股权模糊

农村集体产权制度一直是我国深化农村改革的重点领域。2016 年，中共中央、国务院印发《关于稳步推进农村集体产权制度改革的意见》，旨在由点及面地重点开展集体经营性资产产权制度改革，加快推进经营性资产确权到户和股份合作制改革。这在很大程度上促进了全国范围农村集体经营性资产的产权制度改革。当前，我国农村集体的资产总量处于不断增长的趋势，日渐成为农村繁荣发展和农民共同富裕的重要物质基础。但是，我们也应当看到，在加快推进新型城镇化、工业化以及农村市场化的过程中，农村经济结构和社会结构都发生了复杂而深刻的变化，农村集体经济当前仍然存在产权归属不明确、股权设置模糊、产权权能实现不完整等一系列问题，这在一定程度上动摇和侵蚀了农村集体所有的制度基础，不利于农村社会的和谐稳定，也阻碍了农村集体经济的持续健康发展。

（1）农村集体经济产权尚未完全明确。

农村集体经济产权，不仅包括集体经济组织拥有的土地、水面、滩涂、草原、山场等自然资源的产权，而且包括能够以货币计量、纳入账内

核算的资产的产权。从理论、政策上来讲，目前我国农村中土地等生产资料归属集体所有，即产权主体是所有村集体成员，农民作为集体中的一员，享有名义上的所有权。但是在现实情况中，产权模糊是制约我国农村集体经济发展的关键性因素。由于农村集体经济存在产权主体虚位，主体权利残缺，使得相当部分集体资产名义上的"人人都有"，实际上却是"人人都没有"的所有权现状。作为集体成员中的个体，农民的合法权利与个人利益没有在集体利益中得到充分体现。如此一来，在集体经济组织与其成员之间不明朗的权益关系下，村集体成员普遍缺乏保护集体资源资产的内在动力，缺乏参与集体经济发展的经济激励，甚至对集体经济抱有漠不关心的态度。长此以往，农村集体经济缺乏有效监督，集体财产流失严重，党政不分、政企不分等弊端丛生，集体经济异化为所谓的"干部经济"，村集体资产收益最终掌握在个别或少数人手里，腐败现象土壤滋生，集体产权制度形同虚设。

（2）股权设置不具体、不明晰。

股权设置是我国农村集体经济股份制改革的一个关键性问题，是股份合作制产权制度的核心所在，因而对于农村集体经济的积极发展具有至关重要的作用。作为集体经济发展章程中的重要部分，股权设置代表着对集体内部成员权益的认定与认可。股权设置大多是把经评估后的集体财产分为两类，即"集体股"与"成员股"，集体成员在获得相应股份后，可以根据入股资金二次购买股份。但是在实际运转过程中，股权设置存在一些漏洞：譬如一些章程在股权设置中没有明确体现合作社的总资产及其成员所占份额；集体股份往往被掌握在少数的领导和管理者手中，他们获得"大股东"身份，村民几乎没有实际话语权，行政干预等根深蒂固的问题仍然存在，这无疑阻碍了我国农村集体经济产权制度改革的深入开展。

（3）权能实现不完整。

依据法律定义，产权是经济所有制关系的法律表现形式。产权的完备与否，既要看权利束的结构，也要看所有者能否充分行使产权。农村集体经济产权，是指农村集体经济组织对其所有的资产的占有、支配和收益等权利，主要包括所有权、使用权、收益权和处置权四个权能。在权能实现上，目前我国农村集体资产资源的所有权、收益权、处置权的产权边界比较模糊，一些地方对集体资产股份的抵押、担保、继承等权能仍不明确；农村集体资产资源流转、收益等经济功能的发挥受限；集体经济组织成员作为集体财产的真正所有者，没有从根本上体现出对集体财产的决策权与处置权。产权权能的不完整不仅影响了集体经济产权制度改革效益的充分发挥，也不利于农村基层民主制度的建设。

总之，随着农村集体资产体量与规模的日益庞大，农民自身的维权意识也逐渐增强，农民对集体资产的权益诉求越发强烈，深入推进农村集体经济产权制度改革的重要性与紧迫性进一步凸显。

2. 农村集体经济收益分配制度亟须完善

收益分配制度作为产权制度的延伸，不仅是产权制度实际效益的直接体现，而且对于农村集体经济的长远稳定发展也具有重要的反作用。收益分配机制的不完善势必会影响人们关心和参与发展农村集体经济的积极性，导致集体经济组织内部产生一系列矛盾与冲突，从而使集体经济陷入运转困境。当前，我国农村集体经济收益分配的问题主要体现以下几个方面：

（1）农村集体经济的收入分配制度不透明。

由于村干部与集体成员村民之间存在着信息不对称的问题，有些农村在集体经济收入分配过程中，只有村干部等少数人真正了解农村集体经济每年确切的净收益，绝大部分的村民并不知晓，甚至有些村干部隐瞒真实数额，只选择性地把村集体经济的部分收入披露给村民，导致广大农民主观上缺乏对集体经济收入总体状况的全面把握与准确判断。这一现象从侧面也反映出集体经济内部管理的失范，村庄民主化程度有待提高，作为主人翁的农民群众缺乏有效途径去行使民主监督的权利。一方面，集体经济收入分配上的不透明会直接影响农民群众对村干部的信任度，导致其对集体收入合理分配的认同度大大降低，最终挫伤了他们参与发展农村集体经济的积极主动性。另一方面，盈余分配的不科学。《农民专业合作社法》中明确规定，"合作社在弥补亏损、提供公积金后的当年盈余，为可分配盈余"。即盈余分配应该在提取公积金、公益金、风险金之后再进行分配，分配方式按照股权设置来进行。但是，在许多章程中只给出了大致的分配范围，采用不高于、不低于等模糊表述，并没有明确地指出各部分的具体提取比例。这给实际分红带来了一定的随意性，不利于维护和保障成员的经济利益。同时，提取比例应符合国家的相关规定，但有些章程中"三金"提取比例过高，导致成员分红部分的比例过低，最终影响了农村集体经济盈余分配的公平性与合理性。

（2）有效激励机制的不足。

充分肯定各类生产要素在促进生产力、创造物质财富中的重大贡献与积极作用，是唤醒农村集体经济发展活力，不断增强集体经济开放性的客观要求。当前，一些村级集体经济在发展进程中，虽然逐渐认识到资金、资源等要素的重要作用，但还是存在对无形要素认识不足的问题。在实践上，更多地偏向对有形要素的分配，而没有注重对技术、管理等的合理分配。有效激励机制的不足必然会打击到农村集体经济组织内部经营管理者的主动性、积极性与创造性，造成集体经济管理人才的流失，最终导致农村集体经济整体的经济管理效率下降。另外，还有一些村级集体经济过分强调管理要素的作用，在管理者与劳动者之间分配股权的差距过大，对管理者的激励方式和激励手段上有失公允，这同样不利于农村集体经济的长远稳定发展。

总之，农村集体经济的稳健有序运行涉及集体、成员、管理者和投资者等多方利益，必须正确处理这些复杂的经济利益关系，努力寻求公平与效率的最佳结合点，以充分发挥各方的主动性与积极性，促使其投入农村集体经济的发展建设当中。

3. 集体经济组织体系尚待健全

（1）农村集体经济组织成员的资格界定模糊。

农村集体经济组织的成员权，是指农民基于其成员身份，针对农民集体就集体财产和集体事务管理等方面的事项所享有的复合性权利，是以集体成员资格为基础进行界定的。问题在于，这个"资格"究竟是什么？指的是出生地还是贡献？不同时期出生的成员资格是否相同？如果这些问题弄不清楚，就有可能损害一部分集体组织成员的权益，甚至出现内部控制问题，阻碍农村基层民主政治的发展。[①]

从法律层面上讲，关于农村集体经济组织成员认定资格的法律法规尚未出台，各地只能依据自身实际、制定一系列地方性文件进行规范，这导致实际操作中的不确定性较大，且各地采取的标准和依据都不统一。结合实践，当前农村普遍存在以下几类成员资格认定方式：一是单一标准的判定方式，以户籍作为唯一的判定标准，具有本集体经济组织所在地的常住户籍即为农村集体经济组织成员。虽然具体实践上容易操作，但容易导致人口的过度膨胀，且不能适应多元化的社会环境。二是复合标准的判定方式，以户籍为基础，辅之以在本集体经济组织长时期的生产与生活作为判断依据。这一方法相对公平，比单一标准更容易为农民所接受，但是对"长时期"的倾向，致使生产要素流动受限，产业融合滞缓。三是以权利义务关系作为判断标准，即农村集体经济组织成员必须是与本集体经济组织形成了事实上的权利义务关系。该方法较为公正，但是对于是否形成事实上关系的准确判定仍存在一定难度。四是把土地承包经营权与户籍相结合的判定方式，这一标准具有一定的合理性，在实践上也容易把握，但是忽视了村民小组中一些长期未得到土地的农民应当享有的合法权益。可见，集体经济组织成员的身份问题涉及面广、且利益关系十分复杂。就现实情况来看，我国农村集体经济组织的构成、成员资格的获得或退出以及成员的合法经济权益的不清晰，直接损害了农村集体经济组织及集体成员的实际权益，导致社会矛盾和利益纠纷频发，这无疑是目前我国发展农村集体经济亟须解决的一个重难点问题。

（2）组织管理滞后与运行机制不健全。

客观而言，良好的经营管理是促进经济长足发展的前提条件，能够帮助我国农村集体经济更好地适应市场经济发展。但是，必须看到，当前发挥"统"功能的农村集体经济组织面临着管理不力、权责不清、效率低下

[①] 孔祥智，高强. 改革开放以来我国农村集体经济的发展与当前亟须解决的问题 [J]. 农村经营管理，2017（5）：23–25.

的困境，难以适应市场竞争的需要，农村集体经济建立现代管理制度任重而道远。

其一，"政社合一"的管理体制仍然存在，组织管理方式比较滞后。多数农村集体经济并没有设立相应的内部组织机构，而是由村两委代行使职能，也没有专门针对农村集体经济组织设立规章制度。尽管有一部分农村集体经济组织已经从村委会独立出来，成立了合作社、公司等多种类型的经济组织，但是其章程制度还有待健全，缺乏有效的激励机制和约束机制，内部成员与决策者之间的权责利关系也并不明朗。同时，当前大多数的农村集体经济的经营管理基本上是靠经验积累和主观意志，实行的是粗放型的经营管理模式，管理水平不高，管理思路狭窄、管理方式单一化、管理程序过于烦琐，譬如一些农村集体经济组织管理体系中存在着多头管理、管理分割以及内部人控制等诸多问题，阻碍了农村集体经济的持续稳健发展。事实上，农村集体经济组织的非独立性及其与村党支部、村委会的"三位一体"，使得其在发挥经济职能时常常受到行政手段的干预，这样势必会造成政企职能不分，任务交叉不清的消极影响，严重制约了集体经济的市场化运作及其对利润最大化的追求。

其二，内部民主管理与监督机制的不健全。在农村集体经济的日常管理中，集体成员的民主监管意识不强，有关农村集体经济发展的重大决策诸如资产管理、投资项目、收益分配、考核激励、人事任免等，主要由村干部等少数人决定，广大村民的参与程度较低，致使管理决策的科学性、规范性与合理性得不到充分保障；同时，由于经营管理缺乏有效的外部监督，在实际执行中，一些组织没有严格依照既定的制度流程进行，在实践措施上的主观随意性较大，影响了农村集体经济的长远稳定发展。另外，在财务管理方面，村集体财务、集体资金流向的透明度不高，特别是对于集体资产资源的收益和用途等方面的监管比较薄弱，侵吞、挪用和转移集体资产等违规操作的现象时有发生，造成集体资产流失严重、干群关系对立，影响了集体经济组织运行机制的顺畅流转，这不仅使得农民参与发展村级集体经济的积极性大打折扣，也使得集体经济组织面临内部效率损失。

4. 集体经济产业结构不合理

在市场经济条件下，农村集体经济能否在激烈的竞争中立于不败之地，很大程度上与支撑其发展的产业项目密切相关。换言之，产业结构的层次性、合理性与多元化，是稳步实现农民增收与农村集体经济可持续发展的内在要求。但现实中，我国农村集体经济仍然存在产业项目选择盲目、发展层次较浅、产业融合发展不充分等突出问题。具体体现以下几个方面：

（1）产业项目选择上具有盲目性。

当前，一些村级集体经济在产业项目的选择上存在盲目跟风的现象。一方面，由于受到当地发展条件与自然环境的制约。譬如不少村级集体经济薄弱村地处偏僻，村落分散，自然环境恶劣，可直接用于开发利用的资源相对较少，而且交通不便、信息闭塞、基础设施落后等客观条件较差，难以获取最新的市场资讯，对优质项目和社会资本缺乏吸引力，导致这些农村地区在短时间难以突破生产技术落后的困境，本地产业开发进度缓慢，大大增加了当地拓展村级集体经济发展空间的难度；另一方面，农村集体经济组织自身的驾驭能力不强。面对风云变幻的市场经济，农村集体经济组织带头人缺乏独到见识和长远眼光，且缺乏现代化的经营管理理念，因而对产业发展的未来趋势难以作出准确研判和科学决策，在产业项目的规划和选择上脱离了当地集体经济的发展实际和经济实力，进行盲目地照搬和效仿，造成产能严重过剩、市场供需失衡，村级集体经济发展受阻。

（2）产业项目发展层次较浅，品牌效应不突出。

许多村级集体经济在选择产业项目后，由于产业基础、投入成本、资源状况、技术水平、回报周期以及经营风险等因素的影响，一直停留在产业链的中低端环节，缺少深加工、精加工和精细加工的经济项目。譬如在农产品供给方面，以原材料输出为主，农产品初加工水平总体不高，养殖、水产销售也是以初级产品为主，精深加工程度较低；同时，一些村级集体经济在生产、加工、储存、销售、物流、电商等环节尚未构建起完整高效的产业链、形成集群化的发展模式，使得当地集体经济在实现产业分工合作与协调运行受到了束缚。此外，由于产品的技术含量、资金含量相对较低，其附加价值率不高，产业知名度较低，品牌效应不突出，这些导致农村集体经济的实际效益低下，农民增收幅度较小。

（3）产业融合发展不充分。

总体上看，我国农村集体经济面临产业结构单一化，一二三产业融合不充分的问题，尤其是对种养业以及土地、厂房等固定资产的依赖程度比较高，农村二三产业发展不足，一二三产业融合程度不深。调研数据显示，目前农村集体经济发展的广度和深度不够，主要依靠种植业、畜牧业以及承包租赁，与工业、服务业、旅游业、文化产业、休闲产业、物流产业以及其他行业的融合并不紧密。对照我国乡村振兴战略所提出的一二三产业融合的发展要求，部分经济基础薄弱的农村地区存在产业形式过于单一、产业模式落后的问题，多数村级集体经济发展主要依靠传统生产经营方式，不仅劳动力投入大，自然风险较高，而且集体收益增长率普遍较低。

二、原因分析

当前，我国农村集体经济发展面临机遇与挑战并存，关键是要准确瞄准问题背后的实质性原因，并以此为突破口，寻求破解之道。应当看到，村级集体经济弱化的原因既有主观方面的，也有客观方面的。总体而言，主要包括以下几个因素：

1. 思想认识不足

思想认识不足是阻碍农村集体经济健康发展的主观因素。当前，人们对发展农村集体经济在思想认识上存在偏见和误解，可以主要归结为以下四类观点：

（1）"过时论"。

有人认为，农村集体经济作为计划经济的遗留产物，其发展已经不符合当前市场经济发展的时代潮流。随着中国市场化改革的不断推进，农村集体经济不适应市场经济发展规律的弊端和短板会被放大，农村集体经济组织不可避免地趋于衰退直至消亡。他们持有一种固定式思维，认为农村集体经济是低效的、落后的。只要一提到农村集体经济，就会将其与"产权模糊""经营不善""效率低下"相提并论。在他们看来，在大多数国有企业、乡镇集体企业陆续改制的大背景下，倡导发展农村集体经济是不合时宜的，应该让位于个私经济与民营经济。这一观点显然陷入了僵硬的机械唯物主义认识误区，把发展农村集体经济与兴办集体企业划上等号，片面地认为发展农村集体经济就是"办工厂、办企业、上项目、找贷款"，而没有客观地了解和把握我国农村集体经济实现形式呈现多元化发展的现状。事实上，目前农村集体经济的实现形式由直接兴办经营企业转变为运营管理集体资产，经营方式也进一步拓展为资产运营、资源开发、物业租赁等新型方式。

还有人把集体劳动、平均分配、有统无分、高度集中的经营体制视作集体经济的本质特征，认为重提壮大农村集体经济就是要走回头路，回归到"大一统"的人民公社体制，其实质是否定中国四十多年的农村体制改革成果，因而是与改革方向背道而驰，走历史的倒退。有人甚至更为极端地主张农村经济走私有化道路，没有准确把握农村集体经济的发展壮大与践行社会主义本质理论的深层联系。应当看到，改革开放以后，我国农村推行统分结合的双层经营体制，不仅适应农业的自然生产特点，也适应社会主义市场经济的发展需要。集体经济发展的必要前提是不断巩固和完善这一基本经营制度，而不是逆潮流而动，向旧体制复归。从实践层面来看，农村集体经济本身不仅没有过时，而且在不断地发展壮大。特别是一些集体经济发展良好的地区，都是在坚持家庭承包、合作经营的基础上，重视统一经营，致力扩大规模经营，实现了集体利益与农民利益双赢。

（2）"无需论"。

农村实行家庭联产承包责任制以后，广大农民的积极性与创造性获得极大提升，农户经济的比重迅速上升。相比之下，集体经济的比重下降并逐渐退出主导地位。这也是造成人们容易忽视集体经济的主因之一。在相当长的一段时期中，农村集体经济的作用面临弱化和退化，有人因此而否定了其积极作用，引发较大争议。持这种否定意见的人认为，目前我国农村生产力处于低水平，农业发展落后，应坚持家庭承包经营长期不变，不需要农业合作社或集体经济组织。对此，应当强调，当前我国农村集体经济是过去人民公社体制中生产大队的继承与延续，现行的家庭经营体制也并不是否定土地等生产资料的集体所有制。农村集体经济组织作为集体资产特别是土地的实际所有者，是统分结合双层经营体制的组织载体，其作用是其他经济组织所不可替代的。

还有人认为，新农村建设资金、农村公共产品与服务的提供不通过农村集体经济也能得到解决，因此没有必要发展农村集体经济。理由是一方面，政府承担的部分可以通过加大公共财政投入力度，提高政府的财政转移支付以获得支持；另一方面，村集体提供的部分可以由本地村民通过"一事一议"的筹资筹劳方式来解决。同时，社会各界力量包括工商企业和业主等也可以加大赞助捐资，合力共建新农村。这一观点看似有理有据，其实有失偏颇，陷入了脱离实际的空想主义认识误区①。不仅没有考虑到目前国家财政实力总体仍不强的客观实际，忽视了公共财政全面覆盖农村地区这一目标的实现尚需相当长的时间，而且没有认识到广大农民还不够富裕，不能完全依靠自食其力改善生产生活水平的现实情况。所以，要顺利推进新农村建设与发展，不能简单地依附于国家财政扶持与工业反哺，必须实现自身发展和外界支持的有机结合。其中，农村集体经济是新农村建设投入的主体，离开了集体经济这一有力支撑，新农村建设终成空中楼阁。

（3）"无用论"。

有人认为，农村集体经济收入在农村经济总收入中占比较小，对农村经济发展大局的意义不大，因而主张农村地区应把更多的精力转移至招商引资、发展工业。在他们看来，市场经济条件下更讲究竞争和效率，只要

---

① 李剑文. 农村村级集体经济存在的问题及发展途径探讨［J］. 经济问题探索，2011（6）：65－68.

经济发展了，农民富裕了，有无集体经济无关紧要。这显然是对统分结合的双层经营体制的片面理解，只强调了"分"，而忽视了"统"的重要性与必要性。一些地方基层干部认同这一观点，对发展集体经济的概念和意识逐渐淡化，在具体的实践工作中单纯以经济绩效为行动指南，以促进GDP增长与带动农民增收作为唯一目标取向，对提高农村集体经济收益却漠不关心，这也反映了地方在发展方向和发展道路上只注重眼前的经济效益，忽视了长远的社会效益。

在这一思想的影响下，不少农村把原来积累的集体资产进行拆分转卖，甚至把一些适宜集体统一经营的项目也分包到户，导致许多农村集体资产所剩无几，可供盘活使用的资源也十分有限，这意味着农村集体经济失去了必要的发展基础，面临着重新退回到"零点"的困难处境。究其本质，统分结合的双层经营体制是实现农户利益与集体利益相融合、分散经营与社会化服务相统一的经济体制，能够发挥分户经营的积极能动性和统一经营的优越性。现实已然表明，农村集体经济在减轻农民负担、服务农民生产生活、带动农民增收致富，增强农村基层组织的凝聚力与向心力，以及推动农村生产力发展等方面，具有重要地位和作用。

（4）"无路论"。

有人认为，由于历史因素和现实因素，发展农村集体经济所需的土地、资本和劳动力等要素都不具备，基础十分薄弱，无法找到发展农村集体经济的支撑点，发展路径非常局限。在经营过程中，一些村集体带头人受到资金、人才、技术等诸多因素的制约，对开展统一经营的方法、途径和优惠政策等也不明晰，发展思路不清，经营观念滞后，且缺乏创新发展的探索精神。另外，村干部在为集体创收的工作中"不作为"现象也较为普遍，缺乏开展集体经营的紧迫感与责任感，没有想方设法地为本村集体经济发展开辟新门路，而是过度地依赖上级各单位和部门对当地经济的帮扶，存在着严重的"等、靠、要"消极思想，发展动力明显不足，致使农村集体经济一直不能取得更好的发展成就。

这一观点在一定程度上的确反映了部分客观事实，但是过分夸大了困难因素，没有注意到集体在开发自然资源、盘活土地存量资产以及调动集体力量上的发展潜力，没有注意到基层组织在推进农业产业化、现代化、专业化上的主观能动性，也没注意到通过深化集体产权制度改革和创新体制机制所释放的激励效应。譬如浙江省不少地方，通过开发荒山荒地和建立产业基地等方法，实行土地整理换取折抵指标，有效盘活了闲置的厂房、校舍、办公楼等，进一步搞活集体资产经营，大力实施社区股份合作制改革，使得当地农村集体经济发展迈上了新的台阶。

概言之，在国内，有相当多的人怀疑"集体所有制"，认为这些概念是马克思主义、社会主义的说教，与市场经济天然相悖。[①] 一些地方领导和政策研究人员也认为农村集体经济无助于区域经济增长，只是一句空洞的口号，放弃甚至阻挠农村集体经济发展。当今中国社会思潮中，"否定集体经济论时低时高，集体经济消亡论未曾间断"[②]。这些消极、悲观的思想舆论不仅削弱和动摇了地方基层干部和农民群众对发展集体经济的信心，而且导致实践中对集体经济的无视甚至压制，在一定程度上影响了农村改革政策的贯彻落实。

2. 资源缺乏统筹、"造血"功能不强

资源要素缺乏统筹、"造血"功能不强是我国农村集体经济发展面临的一大瓶颈问题，主要体现在土地资源、资金资源以及人才资源三个方面。

（1）农村土地资源利用效率低下。

土地资源作为农民最根本的生产资料，也是发展农村经济最基本的资源。回顾历史，土地问题一直是我国农村问题的核心，在相当程度上影响和决定着国家、政府与农民之间的关系。同样，土地资源对于发展壮大我国农村集体经济实力也至关重要。根据我国《宪法》的明确规定，农村和城市郊区的土地，除由法律规定属于国家所有以外，属于集体所有；宅基

---

① 王景新. 村域集体经济：历史变迁与现实发展 [M]. 北京：中国社会科学出版社，2013：23.

② 韩元钦. 马克思学说中的"集体所有制"和"集体经济"概念 [J]. 上海集体经济，2006（4）：27-30.

地和自留地、自留山也属于集体所有。一方面，随着工业化和城市化进程的不断加快，我国农村集体所有土地的总面积急剧减少。虽然农村的土地所有权归属集体，但是自实行家庭联产承包责任制以后，农村土地承包到家庭，土地的实际使用权归属于农户，土地的经营权也呈高度分散的状态，这就使得村集体可用于经营和使用的主要是承包后剩下的少量闲散土地，譬如价值较低的荒山、荒地等资源，这些土地资源多数地理位置不佳，几乎不能通过承包租赁的方式为村集体提供充足的收入来源，导致土地资源的利用效率非常低下。另一方面，目前农村承包地流转主要发生在农村集体经济组织内部成员之间，尤其是邻居和亲戚朋友之间，且流转合约多数是短期的口头约定。由于农村土地流转市场的不完善，承包权流转租金水平普遍较低且不确定性因素较多，导致一些在城市已从事稳定工作的农民宁愿选择将土地撂荒或闲置，也不愿意主动流转土地或放弃承包权的现象。这不仅减少了农民获得土地财产性收入的可能性，同时也抑制了通过土地流转和集中发展村级集体经济的规模和速度。在这一背景下，面对村集体实际支配使用的土地资源十分有限的境况，如果不能将农地进行有效流转或整合，形成适度的规模经营，农村集体经济发展就如同无源之水、无本之木，难以持续。因此，立足新的历史方位，要发展壮大新型农村集体经济，必须保证农村土地产权的界限与责任的清晰和明确，在此基础上充分体现土地的生产要素性质，加快推动农村土地要素的规范有序流转，进一步激活和提升农地的经济功能，以更好地适应现代农村生产力的发展需要。

（2）资金不足、债务负担沉重。

资金是实现农村集体经济组织稳健发展所必需的一个核心要素。只有在资金充足的前提下，农村集体经济组织才有足够的物质基础为成员提供生产技术设备、农产品加工、销售推广等服务，才有实力与其他经济实体在激烈的市场竞争中相抗衡，或与一些经济实体开展互利合作，共同防范和抵御市场风险；另外，农村集体经济组织要扩大自身规模、优化产业结构、发挥应有功能，为农村和农业发展提供基本的公共产品与公共服务，也都需要资金作为基础保障。对于本就基础薄弱的"空壳化"农村集体经济，需要"发展性"资金；而对于处在逐步成熟阶段的农村集体经济，想要做大做强，进一步壮大自身实力，也需要"完善性"资金。但是，我国农村集体经济发展当前普遍面临着资金短缺的现实困境，这在一定程度上制约了集体经济组织的发展规模，大大削弱了其市场竞争力，导致农村集体经济组织的凝聚力与带动作用大打折扣。究其原因，主要包括："三资"管理基础工作薄弱，管理人员对"三资"账目的责任意识不强、台账管理不善、账目核算不细致不规范；财政资金支农工作上重分配轻管理，有限的资金分散利用、尚不能形成合力；农村集体资金管理失调，集体经济组织内部存在任意收取和支出、私自挪用、滥用和贪污等恶劣现象，直接损害了村集体的整体经济利益，同时集体资产的流失削弱了原有村级集体经济积累，导致产生一系列严重的经济后果；村集体在财务管理上存在漏洞，对经营收支情况掌握不严格，存在管理松懈、谎报虚报集体收入、隐瞒债务等问题。此外，随着农村经济社会的发展，村级组织在基础设施与公益福利事业上的开支负担日益加重，部分经济薄弱村甚至面临入不敷出的窘境。由于村级刚性支出的逐年上涨，加上筹资渠道过于狭窄，一些村的负债绝对额居高不下，成为桎梏当地集体经济的沉重枷锁，减缓了村级集体经济的发展速度，影响了农村集体经济的协调发展，同时也在很大程度上影响了村级集体经济组织的社会信誉，给村集体招商引资带来了重重阻碍。

（3）人才资源支撑不足。

人才资源短缺是我国现阶段发展农村集体经济必须正视和着力突破的一大现实瓶颈。第一，村干部综合素质不适应农村集体经济转型发展的客观要求。许多地方村干部队伍老龄化严重，缺乏开拓创新精神，文化素质和理论水平不高，驾驭集体经济的实践能力较弱，缺乏先进的经营管理理念和专业技术，因而很难在推动村级集体经济快速发展的过程中发挥模范带头的作用。第二，农村有致富带富能力的优秀人才"外流"较为严重。随着我国农村集体经济规模的扩大，对参与现代化经营管理、项目规划、资本运作等专业型人才的需求日益增长。然而，目前在我国大部分的农村地区，尤其是偏远山区，越来越多具有丰富的经验知识和职业技能的"经济能人"选择外出就业创业、移居城镇,留守农村的总人数大幅减少,且人群构成以老人、妇女和儿童为主,加上这些地方大多地理位置偏僻,经济水平落后,经济组织开放性并不高,缺乏对外来优质人才的吸引力,导致农村经济建设缺乏必要的人才保障,缺少先进的思想,观念的更新往往跟不上时代的步伐。第三,农民整体的文化素质水平有待进一步提高。随着我国农业现代化发展步伐的不断加快,对劳动者素质和农业的科学技术水平的要求越来越高,但是从总体上看,从事农业领域生产和经营的农民在年龄结构上普遍偏高、文化水平较低,特别是缺乏市场知识、商品知识、管理知识和科技知识。同时,由于传统思想的根深蒂固,以及受教育渠道的局限,农民缺乏有组织的职业培训,难以熟练地掌握和运用现代经营管理方法与科学技术,难以理解和适应新型农村集体经济的发展要求。可见,人力资源的匮乏,不仅导致农村经济发展缺乏必要的智力支撑,也不利于现代经营管理知识和先进生产科学技术在农村集体经济中的推广使用。因此,作为村级集体经济的经营者与管理者,村干部和村民群众的整体素质直接影响到当地集体经济的发展规划和具体实践,这无疑制约了农村集体经济的长远发展。

3. 政府的引导和扶持力度不够

"三农"问题是关系国计民生的根本性问题,也是我国政府长期以来高度关注的一个重点问题。中央多次会议都针对农村经济改革和发展问题制定了相关的政策文件,其中不乏涉及农村集体经济发展的问题。党的十八大以来,中央多次明确强调要大力发展农村集体经济。虽然中央一贯重视农村集体经济,但是许多地方政府在发展农村集体经济时,对集体经济的价值功能仍然存在错误定位的问题,仅满足于公共积累的增加,承担公共服务的职能,为农民提供更多服务,因而对于村集体的政策支持主要侧重在当地的民生事业和社会管理上,而专门针对村级集体经济发展的扶持政策则偏少,导致农村基层在发展集体经济方面缺乏启动性和促进性政策的有力支撑。由此可见,由于政府在整体协调上的不足,以及地方各级政府认识上的偏差,对发展集体统一经营的改革任务、支持措施未能够及时跟进和全面落实，导致农村集体经济的发展缺乏稳定有效的政策供给，其发展后劲不足。

具体来讲，在财政政策和金融政策上，财政扶持资金的总体规模较小，财政支农惠农资金的投入绩效不高，集体经济发展缺少农村融资支持，特别是在新项目减免税费政策、上级转移性支付政策以及项目扶持政策的支持力度不够；同时，金融机构对村级贷款管控过严，农村集体经济筹资门槛被抬高，难以获得金融信贷资金支持，许多农村集体经济组织仍然面临贷款难、税费负担重的问题，使得村级集体经济的发展举步维艰。另外，一些地方改革政策措施的落实能力有待强化，政策效益没有得到实质性发挥，譬如对于集体经济薄弱的农村地区，在农业产业结构优化和土地开发等方面的政策落实不到位，仅仅注重形式意义上的帮扶，缺乏科学合理的长效机制，对于促进农村集体经济的稳步发展收效甚微。因此，为了提高农村集体经济发展的可持续性，及时出台具有指导性、针对性与实效性的扶持政策显得十分必要而迫切。

第五章

新时代中国农村集体经济发展的
典型模式及经验启示

近年来，四川秧田沟村、浙江嘉善、贵州塘约以及山东东平等地立足实际，在实施乡村振兴战略和推进乡村治理水平和治理能力现代化的背景下，探索发展新型农村集体经济，谱写了新时代中国农村集体经济发展的新篇章。深刻总结新时代农村集体经济发展的生动实践，对于进一步壮大我国农村集体经济整体实力具有重要的参考价值。

第一节　新时代中国农村集体经济发展的典型模式

一、四川秧田沟模式

"秧田沟边白鹭飞，花红水绿鱼儿肥，遍山果蔬腾细浪，满园桃梨簇成行，党员示范走在前，共同富裕笑开颜。"这首诗是对当前四川巴中市巴州区秧田沟村的鲜明写照，反映了其优美、整洁、幸福的村容村貌。近年来，通过促进脱贫攻坚与集体经济融合发展，秧田沟村不仅于2016年底退出贫困村，而且薄弱的村集体经济得到了长足发展。据统计，2015～2017年短短两年间，村民人均纯收入由4812元提高到了1.34万元，村集体经济收入不足300元提高到了7万余元，2021年当地40余户农户发展果蔬药材种植，吸纳剩余劳动力200余户就近务工，实现年人均增收1500

余元。秧田沟村的面貌大为改观。其实践举措主要包括以下几个方面：

1. 党建引领兴产业

党的十八大以来，四川秧田沟村不仅摘掉了贫困帽，巩固提升了扶贫脱贫成效，而且村党员干部队伍建设不断强化，这主要得益于其扶贫攻坚和组织建设"两手抓"的有效做法。一是组织引领兴办"三种模式"。秧田沟村领导干部结合本村实际，以实施党员精准扶贫示范工程为契机，摸索建立了"村两委领力，党员能人引办，入党积极分子兴办"的模式，旨在进一步提高产业扶贫成效，巩固脱贫攻坚成果。其中，村两委主要是以第一书记牵头、原党支部书记负责、同时吸收村民以土地入股的形式，建成了励志种养殖合作社，由党员负责管理，年底入股村民可按照30%的比例获得分红。党员能人主要是以椿树村果蔬种植大户、致富带头人冯太平为代表，他牵头成立了秧田沟村果蔬种植专业合作社，并担任职业经理人。在他的倡导下，秧田沟村共53户的土地被租赁来种植圆黄梨、时令蔬菜、中药材等。利润则按照村集体职业经理人15%、流转土地的农户30%、园区务工人员40%的比例进行分配。在此过程中，农户不仅获得了土地流转的股权分红，而且还有务工收入，大大增加了其可支配收入。入党积极分子主要是以彭华庭为代表，他牵头成立了以泥鳅养殖为主的"快乐之舟"养殖专业合作社。在合作社中，既有村党支部的集体入股资金和彭华庭自筹资金，又有村民的土地入股。二是党员带动学习。一方面，秧田沟村党支部积极开展"两学一做"学习教育工作，加强党员素质的培养；另一方面，依托党员远程教育平台、"农民夜校"等，促使广大党员深入农民群众，以"门诊模式"对农民展开知识、技能培训，同时通过举行"感恩奋进""我脱贫、我光荣"等主题教育活动、选树典型和乡贤等举措，进一步激发农民的积极性和主动性。

2. 股份合作增效益

为进一步盘活"沉睡"资产，2014年以来，秧田沟村以全国实施第二批农村改革实验区为契机，启动了集体资产股份制改革。主要做法有：一是量化"三资"。为确保资产清查工作的顺利进行，秧田沟村以《巴州区农村集体经济组织成员认定的指导意见》为纲领，按照"分类指导、因地制宜、量力而行、分步推进"的原则，对村集体所有的未承包到户的耕地、林地、草地等资源性资产进行清理，将集体既有资源折股（主要包括贫困户股、土地流转股、投工投劳奖励股等）量化到人，并颁发《股权证》。颁证后，新增耕地的"人地矛盾"和利益分配不均问题如何解决？秧田沟村具体分析了流转前、后的土地状况，主要采取流转前补贴，流转后以80%和20%的比例平均分给农户和集体的办法，保证农户的利益不受损害。二是明确所有权。2014年，巴州区对全域进行了农村产权的"多权同确"工作，其所遵循的原则是"能确就确、应确尽确"，目的是充分利用土地资源，解决农村"人走地荒"的难题。秧田沟村作为改革受益村之一，在此基础上大胆创新，按照"分社核资、股权同价、整体运行"的思路，将涉地集体所有权与财政扶贫资金联合起来，组建了秧田沟村集体经济合作社，建立了集体资产运营机制和运营管理机构，并按一定比例确定了权益股、分红股和优先股，有效促进了既有资产效益的大幅提高，推动了村级集体经济的持续健康发展。

3. 抱团发展促升级

地处巴中市巴州区曾口镇秧田沟村和椿树村对面的，是远近闻名的富裕村——寿星村。多年来，三个村子之间各行其是，发展差距明显。其中，重要的原因是由于传统的村级党组织设置，限制了相邻村之间生产要素的流通，从而在无形中增加了运行成本，致使现代农业发展不强。对此，巴中市以村级党组织集中换届为契机，率先在寿星、秧田沟、椿树3个村之间展开了合作抱团发展的试点工作。主要做法有：一是合并党支部。由以前的三个党支部合并成为东溪河（联合）党委，同时根据村民、党员的个人特长和发展意愿，下设果药种植、生态养殖、果蔬种植、乡村旅游4个功能型党支部，目的是通过整合干部资源，降低行政成本，提高行政效能。二是推动特色产业规模化发展。东溪河党委成立后，一方面将寿星村的优势产业进一步延伸到秧田沟村和椿树村，同时增加流转土地面积，为实现特色产业的规模化奠定了发展基础。另一方面，推动实施"示范基地＋农户""协会（合作社）＋农户"的产业发展模式，将分散的农户和产业联结起来，进一步增加了三村抱团发展的黏性。三是提升基础设施和公共服务水平。支部合并后，三村之间的办公经费、服务群众专项经费及其他项目资金整合使用的效率大幅提高，卫生室、幼儿园、农家书屋等基础设施不断向中心村秧田沟集中，进一步提高了便民服务效率，促进了区域科学发展、平衡发展。

二、浙江嘉善模式

嘉善县是浙江省嘉兴市下辖县，位于嘉兴市东北部，县域面积507.68平方公里，是接轨上海的"桥头堡"。近年来，嘉善深入践行新发展理念，立足本地优势，选取优质的区域、地段、项目和团队，创新了一套以"县域统筹、跨村发展、股份经营、保底分红"为主的"飞地抱团"发展模式，全面推动了村级集体经济统筹发展、均衡发展。具体实践主要有：

1. 全域推进"飞地"抱团项目

在2008年，嘉善就实施了第一轮的"强村计划"，第三轮已于2018年完成，"强村计划"的目的就是要壮大农村集体经济、改善集体经济薄弱的现状。通过深入打好"净村""富村"系列组合拳，全面提升了全县村级集体经济造血功能，增强了农村基层组织经济基础保障。"飞地"抱团项目依然是把全县作为整体，在整合资源的基础上实现整体收益。具体而言：一是分级实施。在县委、县政府当地统一领导下，分县、镇（街道）两级安排实施。二是完善机制。嘉善坚持把"飞地"抱团发展作为乡村振兴的重要抓手，充分发挥县"强村计划"领导小组作用，建立"六统一"①的体制机制。在推进过程中，由镇（街道）主抓项目建设、推进与管理，其他相关部门配合支持。同时，为帮助薄弱村的发展，嘉善还建立

---

① 六统一：统一规划、统一审批、统一建设、统一经营、统一管理、统一核算。

了"四方红色联盟",即县级部门、企业、社区和薄弱村之间的结对共建。统筹推进农村集成改革,积极探索以"三集三进"为形态的强村富民运营体系,建立县、镇(街道)、村三级乡村振兴公司,鼓励不同所有制不同主体加强合作与联合。截至 2022 年底,全县已成立乡村振兴公司 9 个,负责乡村发展项目投资。全面启动第五轮强村计划,制定"飞地"抱团共富体低收入家庭持股增收实施方案,推进先富带后富"三同步"行动,全力打造村集体经济和农民收入双"扩中提低"样本。

2. 腾退转型推动产业升级

嘉善东邻上海市,处于长三角城市群核心区域,区位条件优越,但县域面积小,土地资源显得十分宝贵。对此,嘉善把建设用地指标集中配置到区位条件较好的"飞地",对农村低效建设用地进行有序腾退,并在此基础上促进产业转型。具体而言:一是腾出空间。近年来,嘉善推动治危拆违等工作,全面整治亩均产出低、企业规模小、产业分布散、环境影响大的村级工业园。通过开展城乡建设用地增减挂钩结余指标交易试点,腾出了"飞地"开发的指标和村级再发展资金。二是打造生态经济。党的十八大以来,嘉善践行"绿水青山就是金山银山"理念,加快对腾出后土地因地制宜进行生态开发,大力发展农家游、采摘游等体验型旅游,不仅实现了环境美化,而且促使村级集体和村民实现了双增收。例如,姚庄镇北鹤村依托万亩黄桃基地,打造了"浙北桃花岛"景区,实现了"一片桃园两个产业、一面党旗两方带动"。三是开展产业合作。为深化产业合作,嘉善政府积极引导当地企业到庆元、九寨沟两地投资兴业,并出资建设了庆元生态产业园,推广了嘉善县"飞地"抱团的经验,进一步激活了两地脱贫致富内生动力。

3. 创新模式做强"飞地"抱团

一是创新合作模式。嘉善积极探索村级组织"飞地"抱团发展新模式,统筹布局"两创"中心。2016 年,嘉善启动了"两创"中心规划建设工作,主要是集中建设一批布局合理、产业鲜明、配套完善、运营多元、管理一流的小微企业园，主要有中德生态产业园和嘉善—庆元—九寨沟"飞地"产业园，并以股份合作形式抱团跨区域投资，保证抱团村集体获得保底分红收益，进一步增强了村集体的经济实力。二是实施造血工程。推进"飞地"抱团发展，重点是让薄弱村在后期能够实现持续稳定"造血"。自2008年与庆元、2013年与九寨沟开展结对帮扶以来，嘉善每年按照"资金跟着项目走、项目按照需要定"的思路，确立帮扶对象、扶贫项目，落实帮扶资金，推动两地基础设施建设、产业发展、环境整治、危房改造等，并逐步加大帮扶力度。三是开展智力帮扶。嘉善搭建了三地交流协作平台，每年都会选派优秀干部赴两地开展工作支援，两地也分别派干部到嘉善挂职，全程参与"飞地"产业园开发、建设和运营。在"飞地"产业园招聘中，会优先招用庆元、九寨沟技能人才和优秀劳动力。嘉善每年还会开设村干部交流培训班，开展三地村干部互动交流、学习培训，共同提升基层一线工作能力。

三、贵州塘约模式

塘约村，位于贵州省安顺市平坝区乐平镇，是一个汉、苗等多民族杂居的村寨，辖10个自然村寨，设11个村民组，4881亩耕地，村域面积5.7平方公里。该村生态环境保持良好，林业资源比较丰富。

追溯其改革背景，2014年以前，塘约村是贵州省二类贫困山村。"村穷、民贫、地荒、人散"，集中反映了该村当时状况。一是贫困现象比较突出。与其他地方相比，村里集体收入少，2014年村集体收入不足4万元，群众生活普遍困难，人均年收入3800元左右，仅占全省平均水平的70%。全村共有贫困户138户，贫困人口达到600人。[①] 二是外出人员较多。外出务工人员较多，农村"空心化"现象比较严重。最多时全村近1/3的村民外出务工，其中七成为青壮年劳力。村里剩下的多为妇女、老人、儿童，极不利于农业生产和各种公益活动的组织。三是撂荒现象比较

① 贵州塘约："三改三提三起来"[J]. 领导决策信息，2017（30）：20-21.

普遍。村民生活环境较差。"破石板、烂石墙、泥巴路、水凼凼",真实地反映了当时生活状况。由于种田效益低下,耕地撂荒现象比较普遍,荒地约占到全村耕地的三成以上。四是乡村治理面临难题。由于村集体缺资金办事,村干部说话没分量、做事群众不支持,村干部人选难产生。"年年保贫困帽子,时时留扶贫政策"成为农村基层干部的重要风向,村里干部群众"等、靠、要"思想比较严重,自我发展意识不足,"家家抢当低保户、户户争吃救济粮"。由于缺乏收入来源,村民乱办酒席敛财现象严重,村民人情债不合理支出居高不下。

2014 年 6 月,一场百年不遇洪水,对当地村民房屋和村庄道路造成了极大的毁坏,塘约村雪上加霜。面对贫困破败的村落,在塘约村党支部的带领下,全体村民在思变求富上达到了高度一致的认识,寄望于走抱团合作道路,尽快重建家园,实现脱贫致富。这些内外因素叠加起来,催生了塘约变革的动力。在当地政府的引导下,塘约村以合作社为依托,发展村级集体经济,通过激发群众内生动力。该村通过"七权同确"探索集体产权制度改革,成立农村合作社,实施统一经营,发展集体经济。短短两年多时间,塘约村成功甩掉贫困帽子,实现全体村民脱贫致富。塘约村通过集体产权制度改革,探索农村集体产权股份合作道路,产生了广泛的社会影响。"塘约经验"被写入贵州省党代会报告和乡村振兴案例,并受到中央领导的充分肯定。塘约村先后荣获第五届全国文明村镇、首批全国农村社区建设示范单位、全国乡村治理示范村等多项荣誉。2018 年底,塘约村人均纯收入突破了 1 万元,集体经济跨越 800 万元,实现了省级二类贫困村向"小康示范村"的华丽蜕变。2021 年,塘约村农民人纯收入达到 2.3 万元,村集体经济收入达 682 万元,昔日的"贫困村"一跃成为远近闻名的民族团结进步"富裕村",谱写了各民族共同团结奋斗、共同繁荣发展的生动实践新篇章。

回顾其改革和发展历程,塘约村这个曾经远近闻名的"老大难",短短几年间,实现了由贫穷到富裕,由落后到先进,由封闭到开放,由松散到抱团的巨大飞跃,成为贵州省脱贫攻坚和乡村振兴的样本,其华丽转身的背后,折射出新时代塘约人坚持党建引领、村社合作、组团发展、治理有效的生动发展。塘约发展的主要实践有以下几个方面：

1. 建强农村战斗堡垒，发挥党建引领作用

"群众富不富，全靠党支部，集体经济强不强，关键在领头羊"。农村基层党组织是党在农村全部工作的组织基础和战斗堡垒。塘约村突出党建引领作用，加强基层党组织建设，为集体经济引航定向。一是创新党组织设置方式，全面实施网格化管理。根据工作需要和党员分布情况，塘约村党总支下面设立多个网格党支部和党小组，形成了横向到边，纵向到底的组织体系，为党组织作用发挥，夯实了组织基础。改变村里党员分散的情况，使每个党员就近参加党小组，在其中参加学习和组织生活，根据个人专长和意愿进行设岗定责，让党小组成员履行职责有依据、作用发挥有平台。二是突出党组织领导核心，发挥把关定向作用。坚持聚焦主业，让党总支成员从烦琐工作事务中脱离出来，不参与村委会具体工作，聚焦谋划改革思路，力抓产业发展。加强党员活动经费保障力度。近几年，随着集体资产改革推进，塘约村每个村民小组都有了集体资产收入，有效地解决了党小组、组委会运行经费难题。三是发挥先锋模范作用，实行"积分制"管理。坚持以抓实农村基层党建为抓手，对两委班子成员和党员，参照"驾照"扣分办法，探索党员干部量化管理办法。村党总支创新党员管理办法，强化考核结果运用。科学设定量化考核办法，以月为单位为考评对象设置基础积分 10 分，根据其工作业绩和日常表现，进行年终汇总考评，作为评优评先的重要参考。通过量化积分管理模式，实现了党员干部职责清晰，各自任务明确，考核标准细化。注重党员争先创优，发挥村干部示范引领，基层党组织的组织力、引领力、影响力和号召力进一步增强。例如，2014 年发生洪灾时，党员干部带头抢险和转运群众，组织动员全村抢险抗灾。当村级合作社刚刚成立时，面临集体经济发展资金短缺难题，党员干部带头以个人名义贷款，共筹得 100 余万元，既解决了资金的燃眉之急，又为全村群众吃下定心丸。有了党员干部的示范带头，群众纷纷跟上，积极参加土地入股，全村干事创业的氛围进一步营造。正是基于党员干部示范引领，广大党员干部的积极性被调动，党员责任意识进一步

唤醒，基层党组织的公信力和影响力进一步提升，也坚定了群众跟随党组织和党员干部抱团发展的信心。

2. 明确集体发展思路，探寻抱团发展路径

思路决定出路，道路决定命运。2014 年洪灾过后，塘约人在村党组织的带领下，紧紧抓住农村集体产权制度改革的重要机遇，探寻抱团发展的新路。一是开展"七权同确"工作。2014 年，塘约村党支部组织全村党员干部和群众进行集中讨论和深刻反思，多年来村里集体土地权属不明、家庭分散经营，应对市场风险能力弱，农业产业化、集约化水平低、集体资产底盘小等成为制约塘约发展的最大短板。大家一致认为：唯有把产权明确，家底搞清，资产集中起来，村民组织起来，集体经济发展了，村里条件改善了，群众的日子才能有盼头。在当地有关部门的支持推动下，塘约村坚持完善农村基本经济制度，探索农村产权制度改革新路，激活农村"三资"，在对土地承包经营权确权外，同时组织集体建设用地使用权、集体土地所有权、房屋所有权、农村集体财产权、小型水利工程权、林权等确权工作。通过"七权同确"，塘约村进一步摸清了家底，村里土地由3000 多亩增加到4800 亩，将农户挤占的 1000 多亩集体资产，28 个集体水利设施等资产全部收回，有力地维护了集体经济利益，增加了集体资产收益。塘约村通过确权、赋权、易权等程序，使村庄资源变成资产、资金变成股金、村民变成股民，落实了集体所有权，稳定了土地承包权，放活了土地经营权，成功实现"三权分置"，明晰了集体与村民个人产权关系、明确权益归属，为实现集体统一经营，发展壮大集体经济，推动村民入股，实现股份量化奠定良好的基础。二是成立村社一体的合作社（金土地合作社）。在坚持自愿合作的前提下，引导农户向集体交回承包，由村集体合作社——金土地合作社统一经营。合作社根据村民个人专业特长，下设营销中心、技培中心、妇创会、物流中心、建筑队等多个实体机构。三是实行"合股联营""村社一体"的运行模式。鼓励村民以土地、资金、技术等生产要素与集体合股联营，村民、合作社、村委会按"433"比例进行利润分配，构建了村社"联产联业、联股联心""风险同担""利益共

享"的股权合作和资产管理运行机制。全村共募集股东 921 户，股权总额
5230 股，实现全体村民股东化。通过集体产权制度改革，丰富了集体所有
制产权实现方式，催生了农村集体收入分配制度变革，拓展了村民收入渠
道，改善了村民收入结构（塘约村村民收入主要分为：经营性收益、财产
性收益和劳务所得组成）。村民不出村，在合作社参加劳动，获得收入即
可占个人收入的70%以上。通过抱团发展，塘约创改变过去"分散经营单
打独斗"的小农生产方式，促进了农业的集约化、现代化，提高了农业竞
争力，实现了三产有机融合，有效地解决群众就业难题，拓宽了群众收入
渠道，维护了社会稳定，使绝大部分外出打工的农民能返乡安居乐业，为
农村集体经济的发展带来了新鲜血液。

3. 建立基层治理体系，维护乡村运行秩序

基层组织坚强有力，乡村治理有效是塘约村合作社能够运行有序的重
要保证。一是落实村民自治制度，保障村民民主权利。塘约村进一步规范
细化村民自治工作，设置组委会，并明确组委会职责四项职责。广泛吸收
村民参与集体事略，成立村务监督委员会，采取"六参与六监督"举措，
引导村民自我管理，自我教育、自我监督，对村级重要事务、重大决策、
重大活动、重大资产、重大资金使用、重大工程等进行全方位、全天候监
督。二是发挥乡规民约作用，培育健康文明乡风。针对群众反映的不赡养
父母、不抚养子女及乱办酒席等陈规陋习，塘约村充分发挥新乡贤和村民
代表的主体作用和重要影响，制定乡规民约"红九条"，成立"三会"（红
白理事会、老年协会和村民议事会），规范村民行为、维护乡村秩序。通
过酒席申报备案制度设计，禁止操办无事酒席。对违规村民，除没收食材
捐赠公益外，一律纳入"黑名单"，取消部分福利奖励和荣誉称号。自从
建立酒席备案制以来，全村酒席总量减少了七成以上，酒席成本同步下降
七成，每年为村民减轻负担 300 多万元。通过开展道德讲堂、文明家庭等
评选，乡风民俗得到净化，陈规陋习逐步破除。三是建立积分制度，激发
村民内在动力。塘约村探索村民积分管理制度，激励引导村民积极参加集
体公益活动。村里采取积分管理制度，对村民免费参加村里公益性活动每

次加 2 分，无故不参加公益活动的相应扣除 2 分，村民个人得分情况与年终集体分红挂钩。塘约村通过福利积分制度创新，有效地避免了村民"搭便车"行为，弘扬了向上向善的风气。

4. 坚持遵循市场规律，提高组织运行效率

国内外不少案例表明：集体经济和协同发展最大弊端在于市场灵敏度不高，组织效率低下，这也是塘约村集体经济发展初期面临的最大困难。塘约村合作社通过一段时间的总结，进一步形成了依托市场、拓展链条、提高价值、强化监督、规范运营、防范风险的运行机制。金土地合作社成立之初，由于实践经验不足，加之与市场缺乏有效对接，村民种植的莲藕、白菜和萝卜等农产品喜获丰收，然而却面临滞销难题，直接导致 2016 年前塘约村集体经济未能实现盈利。针对以上问题，塘约村合作社积极对接市场，及时作出调整：一是派村干部赴全国各大省市蔬菜批发市场解行情，进行充分调研，摸索"错季销售"模式，进一步提高了蔬菜种植收入；二是聘请村里种植能手合作社当执行董事，调整合作社内部机构，设置营销中心，组织专业人员搞经营、跑市场和提技术；三是补齐短板，强化弱项。完善合股联营举措，发挥市场配置作用。通过及时调整思路、准确对接市场，塘约村集体经济收益翻番，村民分红成倍增长。为防范市场风险，从分红比例中提取 20% 作为风险管理基金，用作群众保底分红保障金。通过精细化管理、市场化运营、专业化运作，塘约村集体经济得到快速发展，村民利益得到切实保障，有效克服了农村集体经济效率低下问题。塘约村发展壮大村级集体经济，解决了"无钱办事""无人办事""无力办事"的难题；通过依靠群众，实施村民自治，提升乡村治理能力，培育乡风文明，激发了村民自我发展意识和内在动力，为乡村经济的可持续发展和有效治理注入持久动力。

四、山东东平模式

东平县隶属于山东省泰安市，地处山东省西南部，下辖 14 个乡镇

（街道），有716个村（居），人口80万，耕地面积86万亩，县域面积1343平方公里。[①] 作为一个传统农业县，东平经济发展面临着农业发展乏力、农民增收困难、集体经济羸弱、治理风险等诸多困境，主要体现在：一是农村集体经济基础弱。由于东平县域内平原山地相互交错，当地农业生产条件先天优势并不明显。二是农民收入增长困难重重。受农村资源禀赋限制，加之保稳求安等小农思想影响，农村土地碎片化经营比较普遍，难以形成规模化、集约化和现代化经营模式，现代化农业发展动力不足，农村新型经营主体培育缓慢，由于农作物大多靠天吃饭，受自然因素影响大，加之市场信息渠道不畅，应对市场风险能力弱，农民收入水平低下。随着农村资本、人力等要素向城市的加速流动，青年农民由于缺乏较高水平的技术和知识能力，在城市多从事技术含量低、工作强度大的工种，工作流动大，稳定性差，尤其是老年农民缺乏劳动技能和就业门路，收入渠道比较单一。三是农村产权改革亟待突破。在农村现代化和农业产业化的背景下，迫切需要打破传统分散模式，改革农村经济管理体制，创新农村集体经济发展模式。群众难以从旧有的土地流转模式中获益，集体收入无法从集体合作社经济中获利，边角经济对于整个农村改革效果甚微。改革农村产权制度，激活农村土地要素活力，增加农村集体资产增值潜力，已经迫在眉睫。

为了突破重重困境，在农村深化改革的大背景下，各种内外因素的综合推动中，东平土地股份改革应运而生。近年来，东平县以激活土地要素为核心，在坚持"三不原则"[②] 前提下，提高土地"四化水平"[③]，组织农民自愿以地入股，推行农村集体土地制度改革，发展土地股份合作社，探索"以社兴农、以地养农、以业富农"的农村经济业态，实现土地活起来，农业强起来，农村美起来，农民富起来的目标。先后荣获全国粮食生产先进县、休闲农业与乡村旅游示范县、农技推广体系改革与建设示范县、国土资源节约集约模范县、国家园林县城等荣誉称号。

---

① 山东省泰安市东平县政府网站，http：//www.dongping.gov.cn/。
② "三不原则"：不改变土地用途、不改变土地性质、不损害农民土地承包权。
③ "四化水平"：产权资本化、土地股份化、农业产业化和农民组织化。

近年来，东平县坚持做好土地文章，聚焦农村土地资源"零碎散"，村集体增收"老大难"等问题，通过村党组织领办合作社把土地集约起来，乡镇为农服务社（中心）提供服务保障，县级供销社牵头成立联合体将合作社与为农服务社（中心）联结在一起，形成了党建统领、资源集聚、闭环式推进土地适度规模经营的新模式，为发展壮大集体经济，打造乡村振兴的齐鲁样板贡献了东平力量。具体而言，其土地股权改革路径主要包括：

1. 坚持因地制宜，创新运行模式

土地确权是开展土地股份合作的重要前提。东平县根据国家和山东省关于土地确权登记，创新确权确地、确权确股不确地和确定成员三种确权形式。在完成股权的基础上，东平县根据实际，因村施策，遵循群众意愿，创新股份合作模式，形成了政府引导型、资本融合型、能人带动型、资源整合型四种形式。一是政府引导型。沙河站镇孟庄村用活政策性资金，引导 11 个移民村统筹移民扶持资金折股入社，成立"联润土地股份合作社"，建成蔬菜大棚，大力发展现代农业。入股农户可以获得土地保底收益和股份分红，每亩 1300 多元。二是资本融合型。接山镇后口头村原来土地分散，群众收入低，耕地荒废现象比较严重。为引入经营大户，开展合作，后口头村在将农民承包土地连片收回的基础上，成立炬祥土地股份合作社，与东平县广茂花卉苗木合作社进行合作，广茂合作社以资金、技术、苗木入股，村里以农户 200 亩承包地和 350 亩河滩地入股，联合发展花卉苗木经营，农户每亩可获得 1200 元租金和分红收入。三是能人带动型。银山镇南堂子村，是个典型的山村，人多山多地少，土地资源比较稀缺。早在 2008 年，村里组织村民以土地入股的方式成立种植合作社会，但是由于未能实现股权量化，群众的积极性不高、风险意识不强，直到 2013 年，合作社未能实现利润递增，群众每年只能享受到 200 元保底租金。2013 年 6 月，党支部书记郑灿宾号召和组织全村群众，成立了"最美乡村土地股份合作社"，开始股权量化改革，规范合作社会运营，实行合作社统一规划，统一经营，统一分配。四是资源整合型。梯门镇西沟流村整合

村内耕地和荒坡等集体资源，成立了宝泉土地股份合作社，集中发展养殖、采摘、观光生态农业，既就近解决了100多个村民就业生计问题，又增加了村民务工收入100多万元。东平县村级集体通过土地入股成立合作社，发展集体经济，村级集体经济状况大为改善，群众收入明显提升，村级财力增加也为提高乡村治理能力奠定了坚实的物质基础。

2. 推进产权改革，激活生产要素

一是加快推进土地产权制度改革，培育和发展农村产权交易市场。在华中师范大学中国农村研究院的支持下，2013年东平县成立了山东省首家县级农村综合产权交易所，明确把包括农村土地承包经营权等在内的13类农村产权纳入主营服务范围，推动了各类农村产权流转交易的制度化和法治化，发挥县级政府对农村产权交易统筹作用，并打破传统村镇界限。[①]二是畅通交易信息，兑现农村资产价值。通过搭建农村产权交易平台，清理出农村集体、个人的闲置资产，解决了买卖双方信息不畅的难题，农村集体资产和农民股权价值得到充分体现。通过农村产权交易平台，实现同台多家竞争方式，最大程度兑现集体资产价值，有力地维护和保障了农民的利益，增加了集体收益。

3. 坚持规范运作，保障农民利益

一是坚持自愿原则，成员入退自由。东平县秉持"入股自愿、退社自由"的原则，对合作社中有意向退社的成员，在经股东代表大会研究决定后，会采取异地置换的方式退股。二是加强制度保障，规范组织运行。合作社成立初期，面临如何保证群众红利、降低运行风险，规范合作社治理。为完善合作社治理结构，在东平县统一指导下，合作社通过制定章程，成立股东大会、理事会、监事会等举措进一步规范了合作社运营。以接口镇为例，通祥土地股份合作社经洽谈与东平县广茂花卉苗木合作社于其洪开展经营合作，培育苗木基地。其中，广茂合作社作为经营主体，通

---

① 徐勇. 东平崛起：土地股份合作中的现代集体经济成长 [M]. 北京：中国社会科学出版社，2015：11.

祥合作社主要以土地的形式入股，经营户以资金、苗木、技术等作为投资股本，双方约定按五五收益分成。东平县还从合作社的收益中提取了一定比例的收益作为风险基金，确保"旱涝保收"，大大提高了合作社的市场风险防范能力。三是拓展收入渠道，保证群众利益。入社农民收入渠道多样化，由租金、股金和薪金三块，成为"三金"型农民；村集体通过资产入股，为合作社提供组织服务，收入渠道日益丰富多元化。

第二节　典型模式推动农村集体经济发展的经验启示

通过分析以上具有代表性的农村集体经济实践模式，不难发现，它们大都发生在我国深化农村改革、全面决胜小康社会乃至迈向现代化强国建设征程的新时代，其成功实践有着内外多种条件和综合因素的影响，这对于其他农村地区探索和创新农村集体经济发展模式具有重要的参考价值和借鉴意义。

一、贯彻新发展理念，创新发展新模式

理念是发展的先导。2015 年，在党的十八届五中全会上，习近平总书记首次系统地论述了创新、协调、绿色、开放、共享的新发展理念。这一具有战略性、纲领性与引领性的发展理念是对社会主义基本经济规律内涵的高度概括与深化，其不仅全面反映了社会主义经济的本质要求，而且揭示了新时代壮大集体经济的核心特征，是促进我国农村集体经济的持续稳健发展的重要理论支撑。

结合实践，在坚持创新发展上，这些农村地区着力推进集体经济的制度创新、文化创新、科技创新，依靠创新驱动、更多发挥先发优势的引领型发展。其中最根本的是思想观念方面的变革，聚焦于克服当地集体经济发展所面临的发展理念、经营管理机制以及法律权属等深层次体制机制障碍；同时，不断创新村级集体经济产权改革模式，提升农村集体经济发展

水平，以实现村级集体经济与社会主义市场经济的同向发展。譬如在基础较好的农村地区，通过"资产量化"的方式实行股份合作制改革；依托特色产业和资源探索新的资本合作方式，使村级集体经济向多层次、多领域进一步拓展和延伸。在坚持协调发展上，树立系统性思维，着力解决村级集体经济发展不平衡、不充分的现实问题，促使不同地域、不同产业、不同发展水平的村级集体经济实现"抱团"发展，在优势互补的基础上达到整体协同发展的目标。在坚持绿色发展上，积极推进农村集体经济供给侧结构性改革，坚决摒弃先污染后治理的粗放型发展模式，支持农村一二三产业融合的集约型发展，积极探索人与自然和谐发展的乡村生态文明建设之路。在坚持开放发展上，推动具备成熟条件的村级集体经济的不同实现形式"走出去"，积极开展国际和区域之间的经贸领域交流与合作，不断延伸产业链，有效提高集体经济的整体效益。在坚持共享发展上，秉承共同富裕这一价值追求，充分发挥农村集体经济维护社会公平正义的价值原则，通过不断增强农村集体的经济实力，实现了农村集体经济发展成果真正由人民共享，保证了广大农民群众能够在共建共享发展中拥有更多的获得感和幸福感，鲜明彰显了以人民为中心的发展理念。

因此，新时代发展壮大农村集体经济应当始终贯彻"创新、协调、绿色、开放、共享"的新发展理念，与时俱进地不断提升村级集体经济发展的灵活性，构建农村集体经济多样化的发展格局，助推我国农村集体经济向更高层次、更富活力、更具创新力的方向持续迈进，实现与农村农业现代化的同步发展，使其成为建设现代化强国和促进共同富裕的重要基础和深厚力量。

二、坚持党建引领，领航发展方向

农村基层组织是党在农村全部工作和战斗力的基础，在壮大农村集体经济、实施乡村振兴战略方面发挥着不可替代的关键作用。农村工作千头万绪，深化农业农村改革任务艰巨繁重，要保证农业农村改革方向正确，改革农村产权制度，加强农村集体资产管理，实现保值增值，确保农村土地用途不变、农村产权性质不变、农民承包经营权不变，正确处理好农村集体经济组织、村民、市场的关系，亟需发挥党组织总揽全局、协调各方的作用，强化基层党组织的政治功能，优化基层党组织社会功能，提升基层党组织服务功能。选好配强"领头雁"，发挥党员干部先锋作用，建强农村基层战斗堡垒，着力提高党的农村基层组织政治领导力、思想引领力、群众组织力和社会感召力，让群众自发地拥护党的改革措施，参加农村改革实践，以确保农村改革发展进程的顺利推进。

具体而言：一是选好配强领头雁。乡村基层党组织肩负着全面领导乡的各类组织和各项工作职责，加上农村工作点散面广线长，面对的现实情况错综复杂，群众需求千差万别，如何把党在农村的路线、方针、政策落地落实，需要农村党支部带头人具有较强的政治素养和领导水平。同时，农村基层组织还存在党员干部能力不足、后备力量断层的现象，部分乡村基层组织政治功能弱化，基层治理缺位问题比较突出。要破解我国"三农"问题，找准农村经济发展方向，关键在于农村基层党组织能否坚强有力，核心在于选好配强党的基层组织的领头雁。从以上几个典型村的成功实践中可以看出，农村基层党组织在带领广大农民群众脱贫致富，凝聚党心民心，巩固并维护党的基层执政基础方面发挥了重要作用。如秧田沟村的第一书记王兴全、嘉善县大云镇东云村党总支书记陆荣杰，他们都是政治信仰坚定、领导才能突出、农村情况熟悉、深谙市场规律的领导干部。在这群头雁型领导干部的坚强带领下，农村集体经济得到了长足的发展。如贵州塘约村等典型村集体经济的实践证明，基层党建通过充分发挥引领作用，有助于推动村集体经济发展，是当前推进乡村振兴战略、抓好"三农"工作的核心力量和根本保证。

二是抓实农村基层组织建设。农村基层组织只有围绕科学发展、服务群众、化解矛盾、促进和谐的方针，才能让基层组织建设真正抓实抓细，更加具有生命力。如秧田沟村"两委"坚持把党支部建在扶贫攻坚产业链上，以"培养新型农民"为目标，以"两学一做"为抓手，按照"一核多元"的工作思路，着力建设一支强而有力的干部队伍。塘约村通过设立网格党支部，减轻村委会具体工作，加强对农民的产业引导，实行严格的

"积分制"管理，使得基层党组织的组织力、引领力、影响力和号召力进一步增强。

三是党员干部带头示范。集体资产收益涉及多方利益，而基层干部与农民联系最为密切，发挥村委班子和脱贫带动人的巨大作用非常重要。领导干部带头示范，广大党员冲锋在前，农村万事则皆不难。例如，四川秧田沟村坚持党把党支部建在产业链上，探索建立了"党支部+专业合作社+党员+农户"的发展模式，通过充分发挥党员干部的示范带动作用，不仅有效化解了秧田沟村集体经济缺乏能人带动、产业发展瓶颈，而且提高了农民收入水平，有利于实现脱贫和壮大农村集体经济的双重目标。

三、坚持因地制宜，创新发展路径

发展村级集体经济，因地制宜是重点。各地经济基础各不相同、交通区位相互迥异、资源禀赋优劣不等、产业要素千差万别。对此，必须找准发展定位，明晰发展路径，切忌盲从和生搬硬套，要积极探索集体经济发展的多元途径。

具体而言：一是坚持从实际出发，找对看准路子。农村情况千差万别，各地经济基础各不相同，如何结合村情社情民情，发挥自身优势，找准发展路径尤为关键。选定道路后，亟须全村上下统一思想，咬定青山不放松，一张蓝图干到底，不虚妄不浮躁，唯有依靠自身力量，艰苦创业，创富创业，改变环境，才能走出适合自己的新路。二是依托本地产业资源优势，培育发展集体产业。如嘉善通过合理开发和利用村集体林带、果园、河滩等各种农业资源，采取村集体统一经营、专业承包的形式，进一步拓宽了农民的收入渠道，实现了集体增收。塘约村利用七权同确，盘活农村集体土地这一最大资源，以合作社和土地入股的方式来实现规模化、产业化经营，并通过合作社会和市场化运作机制，实现农民增收、合作社盈利和农村集体经济壮大的"三赢"目标。三是遵循市场规律，探索集体经济运行机制。要赋予农民群众更多明晰、完善的财产权利，激发农村各类生产要素的潜力，建立与市场经济发展要求相适应的农村集体经济运行新机制。党的十八届三中全会明确提出要发挥市场在资源配置中的决定性作用。实践证明，市场是配置资源的最有效方式和手段。新时代背景下发展农村集体经济，必须紧紧依靠市场，面向市场，遵循市场运行规律，提高集体经济效益，克服集体组织效率低下、成本过高等困境，同时还要发挥好集体组织分工协作优势。如秧田沟村组建联村党组织——东溪河党委，并根据各村实际下设了四个支部，进一步将把分散农户、零星产业连接起来，让支部为产业引路，极大促进了现代农业产业发展。

四、坚持产业融合，筑牢发展根基

农村集体经济是实现共同富裕的物质保障，推进三产融合发展是推进农村集体经济发展的主要路径，是破解"三农"问题的有效之举。一是盘活集体资源资产，兜住产业底线。当前，一些地区村级集体经济收入主要是依靠产业扶持基金和出租现有资产、资源，对于农村山地、林地、河沟边坡等，则因长期闲置导致经济效益甚微。对此，应进一步整合农村发展资源，提高依靠资源发展产业、通过入股获得收入的比例，通过成立土地股份合作社、专业合作社、专业协会等开展合作经营，切实解决村集体底子薄、自身发展成本高的问题，保证广大农民的稳定增收。二是坚持多元经营，促进三产融合。发展壮大农村集体经济，可以通过三产融合发展实现对传统农业发展的突破，从而拓宽经营性收入来源。村级组织应整合本地优势资源，适应当地条件，探索发展"城郊型""种养型""资源型"和"服务型"等集体经济新业态。三是加快实施产业提升工程。立足自身，扬长避短，探索开发农业多重功能，健全农产品营销体系，在生态农业、观光农业、康养农业以及农旅融合产业等领域充分发挥自己的比较优势；调整和优化农业生产结构与产业布局，为发展本地特色主导产业创造更多的有利条件，精心打造特色品牌；同时，统筹推进乡村旅游、休闲农业、生态养生和电子商务等新产业和新业态，进一步延伸产业链条，着力培育绿色高效的农村产业集群，使得农村集体经济焕发出更强大的生命力。如贵州塘约村以集体合作社为主体，依托农村山水自然资源和现有特色种植产业，发展农产品精深加工、乡村休闲观光、采摘体验等，不断延伸产业链条，发展壮大新产业新业态，实现了农业"接二连三"融合发展，为农村集体经济注入了活力和动力。嘉善县大云镇坚持以云宝 IP 引领产业融合发展的思路，打通全领域空间、产业及文化壁垒，促进大云旅游品牌升级蝶变及游客量爆发式增长，推动全域范围一、二、三产业融合发展，实现了"全域景区化"向"景区品牌化、品牌 IP 化"转变。四是实施产城融合，打造幸福乡村共同体。通过一二三产业发展带动农业农村全面进步，进而实现城乡融合发展，培育产业发展、增加农民收入至关重要。

五、坚持内外联动，激活发展效能

一是实施区域联动，组团发展。对"产业相近、地域相邻、资源相似"的情形，实施"区域联动"模式，实现抱团发展、合作共赢。一般而言，以单个行政村或自然村作为农村集体经济发展的基础单元，往往会由于资源稀缺而制约经济发展。进一步地说，在发展农村集体经济过程中，仅以单个村庄为发展区域，村级集体经济会落入"发展能力陷阱"，并且由于政策倾斜、区位不同，还会进一步加剧各村之间发展不平衡的现象。而多村联营和"飞地"经济的发展模式为破解这一问题提供了新思路。如秧田沟村通过与周边寿星村、椿树村的抱团发展和优势互补，在脱贫攻坚、集体经济发展和公共服务水平提升方面都取得了事半功倍的效果。为了实现资源聚拢、产业聚集和财富聚变，三支部合并成立东溪河党委，共同制定发展方向、商定规划、拟定模式、敲定项目以市场化运作方式对区域内项目进行建设、经营和管理。村里以实物作价等方式计量入股，按照资产入股比例，享有集体收益分红。因不同区位、不同项目、不同资源等收益不同，制定合作社章程及分配原则，参照土地资产收益和成员贡献的多少，实现股权资产量化，遵循市场运行法则，成为东平产权制度改革成功的重要原因。二是创新体制机制，探索集体资产模式。农村集体经济作为我国公有制经济的重要组成部分。随着农村综合改革的不断深入，人们对农村集体产权及其实现形式也有着新认识，发展新型农村集体经济既不是回到"吃大锅饭"的老路，更不是走农地私有化的邪路，归根结底是要建立产权明晰，运行有序的集体资产运行模式，实现集体经济发展壮大。对集体"三资"的有效管理，直接关系着农民群众的利益以及农村发展的基础。着眼新时代，我国农村经济发展迅速，"三资"规模不断扩大，但在管理工作中仍存在不规范现象，这在一定程度上影响着农村经济的稳定性。对此，嘉善针对乡镇可用土地指标少，村级集体经济发展不平衡的状况，实施强村计划和抱团发展，通过鼓励集体经济薄弱村跨区域抱团发展，把原先各村零散土地资源整合到一起，推进低效用土地腾退转型，拓展新的发展空间，巩固村级集体经济发展成果，凸显抱团发展的优势。四川秧田沟村以"股权量化、按股分红、收益保底"为核心，创新投资收益扶贫新模式，在果蔬基地、生态鱼养殖基地探索建立了"三三四"和"一二三四"收益分配机制，真正让农民享受到了涉农扶贫资金的优惠。东平作为山东省移民大县，现有库区移民近25万人，每年获得国家3亿多元财政专项扶持资金。东平县借助土地股权改革，采取股权量化方式，整合财政资金，实现资金变经营性资产，确保成员按股分红享利。同时，争取国家政策兴建，推动安居工程建设，改善群众生产生活。加大撤村并居力度，成立股份经济合作社，以原村集体资产评估后入股运营，村民按股享受资产增值收益。

第六章
新时代发展壮大农村集体 经济的实现路径

在不断创新和发展农村集体经济理论的同时，应积极推进农村集体经济的实践探索，即实践上应多措并举，重点放在推进制度创新、完善组织管理架构、整合要素资源以及优化外部环境等方面，实现内生动力与外部推力的有效结合，促进我国农村集体经济发展迈上新的台阶。

第一节 积极转变思想认识，奠定集体经济发展的思想基础

新时代发展壮大农村集体经济，要求我们必须厘清发展观念，增强发展意识、创新发展思路，正确认识农村集体经济的重要性与必要性，以高度的政治责任感与使命感，持续推动农村集体经济的发展壮大。

一、厘清认识误区，提高重视程度

针对当前关于农村集体经济发展的诸多疑虑与困惑，不利于社会主义本质理论在农村实践中的运用和体现，不利于双层经营体制中统一经营层面功效的发挥，必须不失时机地加以澄清和纠正。

1. 正确认识和重新定位农村集体经济的发展

早在 20 世纪 90 年代，邓小平站在时代发展的高度提出了"两个飞

跃"思想，精辟地指出了集体经济是中国未来农业改革和发展的总方向。着眼当前，立足于农业改革现状和农业现代化的发展需要，我们应当正确认识到，新时代发展壮大农村集体经济，并不是对家庭分散经营的否定和排斥，更不是要走人民公社时期的老路，而是着力构建适应农村生产力和社会主义市场经济发展的新型集体经济组织。从历史来看，家庭联产承包责任制使农村人民公社彻底解体，我国农村的微观经济组织得以重建。诚然，在确立初期，这一体制确实发挥了巨大作用：不仅极大调动了广大农民的生产积极性，而且进一步释放了我国农村潜在的巨大生产力，创造了1978～1984年连续七年粮食增产的历史奇迹，农户收入水平也随之提升。但是，随着农村生产力发展步伐加快，农户家庭经营难以适应生产规模的不断扩大，难以满足社会化生产的发展要求。一方面由于生产关系变迁所带来的制度效应基本释放完毕，另一方面生产关系必须适应生产力的发展，即迫切需要通过实行一种新的产权制度安排，以实现生产要素的联合、重组与协调，进而形成新的经济关系和组织形式。从这一意义上来说，发展壮大农村集体经济是按"两个飞跃"思想发展适度规模经营的新实践，是坚持党的基本路线不动摇和社会主义现代化建设提出的一大历史性任务。

鉴于此，我们不能在思想上片面地、绝对地看待统分结合双层经营体制中家庭分散经营与集体统一经营的关系，不能无视二者的对立统一性，更不能无视集体经济的优势层面，把农村集体经济与产权模糊、管理不善、效益低下划等号，甚至认为发展集体经济就是思想不解放的表现。这些诋毁集体经济的错误言论和观点是对"两个飞跃"思想的曲解，而非经济发展的科学态度与思维。对此，我们必须坚定地运用马克思主义的立场和观点，加强对农村集体经济的理论研究，科学界定和把握农村集体经济的内涵属性与本质特征，正确评价农村集体经济的发展历史，辩证地看待不同时期我国农村集体经济的价值功能。在此基础上，从实践发展的视角重新审视我国农村经济改革发展的现状，正确认识到在稳定家庭经营的基础上进一步完善集体统一经营的重要性与紧迫性，力图实现新型农村集体经济的持续健康发展，促进统分结合的双层经营体制在新的时代背景下获得更大的发展。

2. 对农村集体经济的地位和作用给予更多的重视

对于新时代发展壮大农村集体经济，我们既不应该否定，更不应该轻视，而要实事求是地予以肯定、鼓励和提倡。关于农村集体经济的地位和作用，主要体现在以下几个方面：

第一，在制度层面上，国家所有制与集体所有制共同构成了社会主义经济制度的经济基础。而公有制经济的一个重要组成部分就是农村集体经济，它是我国社会主义建设中的重要因素，也是促进生产社会化和提高生产力水平的有效途径，彰显了社会主义共同富裕的价值追求。因此，从这一维度上看，坚持壮大农村集体经济的整体实力，既是毫不动摇地巩固和发展公有制经济的本质要求，也是我国促使我国农村改革坚持社会主义方向的重要举措。

第二，在实践层面上，农村集体经济实力的增强，是带动农民增收致富、服务农民生产生活的现实需要；是促进农业现代化发展、支撑农村基层组织有序运转和维护农村社会稳定的坚实保障；是让广大农民群众真正参与发展过程、共享发展成果的重要途径；也是促进农村经济实现长远稳健发展的客观要求。具体来说，不论是在扶持农民和弱势群体，还是从事单家独户办不了、办不好的项目，乃至承担农村基本建设等方面，农村集体经济都发挥着重要作用。只有把农村集体经济的发展作为必要支撑，农村基本公共产品和服务的提供才不会缺乏持久的内在动力，集体经济组织的公共服务能力才不会随之不断弱化，从而制约农业生产效率和农民收入的提高，减缓农村共同富裕的前进脚步。另外，还必须充分认识到，发达的农村集体经济不仅有利于更好地扶持农村家庭经营和个体经济的发展，而且有利于建设农村高度的社会主义精神文明。因此，农村集体经济的发展壮大对于共同富裕目标的实现，以及农村改革开放和现代化建设大局的稳定都具有重要意义。

可见，无论从坚持我国农村基本经济制度，还是从推进社会主义新农村建设的实践需要，农村集体经济的存续与发展具有现实必要性。其不仅体现了社会主义的本质属性，而且符合农民的切身利益，是促进新农村建设、发展现代农业以及培育新型农民的重要载体。总体上看，目前我国农村集体经济比重仍然较低，发展水平不高，应当给予更多的关注与重视。在遵循农业经济发展的客观规律的基础上，坚持以家庭联产承包为基础的双层经营体制，准确把握"统分度"，切实推动统分结合中集体层经营的进一步发展，积极推进农村集体经济组织形式的改革与创新，通过合理高效地经营和管理集体资源、资产和资金，力图在更大程度上积极发挥农村集体经济对于我国农业和农村经济社会发展的应有作用与价值功能。

3. 消除偏见和歧视，促进农村集体经济与其他经济实现平等发展

回顾历史不难发现，我国集体经济在农村经济发展各个阶段都发挥了重要作用。改革开放前，我国农村集体经济组织的作用主要体现在改进和发展农业生产的自然条件，提高农业生产效率。山西省大寨大队的集体经济就是典型代表。[①] 步入改革开放初期，农村的乡镇企业迅速崛起，为农村经济发展注入了强劲动力。但是，随着非农业产业的兴起与市场经济的发展，人们逐渐放大了集体经济的弊端，甚至认为集体经济发展应该让位于个体经济和私营经济。在这一代表性思想观念的影响下，集体经济发展在农村改革发展进程中长期受到歧视和贬损。现实中，部分农村地区在农业生产中几乎以家庭经营和个体经济完全取代了集体经济，甚至连过去获得了辉煌成就的乡村集体企业也逐渐转变为私有经济。

改革开放四十多年的实践有力证明，农村集体经济与市场经济并非是天然矛盾的关系，关键在于如何发展，即采取哪种实践形式以适应市场经济的客观规律与生产力的发展要求。我们应当坚定地认识到，在社会主义市场经济条件下，农村集体经济同样也是适合社会生产力发展的一种经济形式，有助于增强我国农村经济发展后劲。因此，一方面我们在观念上要切实消除对农村集体经济的歧视与偏见，公平对待农村集体经济的发展壮大，在法律制度上给予农村集体经济与其他经济形式平等发展的可靠保

---

① 韩松. 论城乡统筹发展与农村集体经济有效实现 [J]. 河南社会科学，2011，19（6）：55 – 60，218 –219.

障，不得对农村集体经济进行盲目改制。另一方面积极探索合适有效的农村集体经济组织形式与经营管理机制，以充分发挥出它自身的内在优越性，以促进农村生产力的进一步解放与发展。

综上所述，笔者认为有必要厘清关于新时代发展壮大农村集体经济的几点认识，主要概括为以下几点：一是推动农村集体经济及其组织形式的创新发展，并不是否定和动摇农村基本经营制度；二是在具体的实践探索中，农村集体经济的有效实现形式可以多种多样，以更好地适应社会主义市场经济的发展需要；三是新时代发展壮大农村集体经济不是要回到"过去"，更不会复归人民公社时期的老路；四是通过培育和发展农村新型集体经济组织，以增强农村集体经济的实力，并不是反对和排斥农村发展非公有制经济。

二、加强文化建设，增强集体主义思想

当前，由于传统小农思想改造的艰巨性与长期性，以及受到市场经济负面影响的束缚，加上一些地区"重分轻统""有分无统"的实践做法，致使一些农民群众的集体主义观念有所淡化，合作意识也比较薄弱。导致这一问题的根本原因在于当前仍在我国存在的小农经济思想残余。对此，我们必须持续加强在我国农村地区的集体主义教育，大力宣传党的路线、方针、政策，不断强化农民群众的合作意识，切实克服传统落后的思想观念带来的消极影响，使广大基层干部和农民群众能够深刻认识到，发展壮大农村集体经济发展对于稳定增收、稳步脱贫、共同富裕的重要意义，让集体主义思想和社会主义思想入脑入心，真正把传统意义上的小农改造成为社会主义新农民，有效激发农民参与集体经济改革与发展的积极性，为壮大农村集体经济"活血"，促使我国村级集体经济的行稳致远。

我国社会主义核心价值体系的一个重要内容就是加强集体主义价值观，这为我国农村集体经济的发展提供了有利的精神支撑。作为村集体来说，一旦失去了集体主义作为思想保障，集体经济长足发展的源泉与动力就会不复存在。许多村庄的集体经济发展较好，不仅与优秀"当家人"密

切相关，而且也充分体现了农民共同参与建设，发挥农民集体主义精神的重要性。① 吴仁宝曾鲜明阐释了集体主义思想与农村集体经济发展的内在关系。他提到华西村的集体主义主要体现在两个方面，一是华西的资产为集体所有，二是华西有浓厚的集体主义思想。如果只有集体资产，没有集体主义，这个资产也就没有了；如果没有集体经济作保障，共同富裕的风险就很大。通过壮大村级集体经济，实现了村民在物质精神上的双丰收。这强有力地证明了在社会主义市场经济条件下，培养和增强农村的集体主义精神是必然的，也是合理的。

在具体实践上，首先，要重塑"主人翁"的发展定位，积极发展与完善农村各项社会建设事业，努力为广大农民提供更多优质的公共产品与服务。通过发挥农村集体经济的功能效用进一步改善其生产生活条件，让他们能够实实在在地享受到集体经济带来的发展红利，不断增强农民群众对农村经济改革与发展的信心与动力。与此同时，充分发挥农村基层组织和"领头人"的积极作用，有意识地联结当地村民，增强农民群众的凝聚力和对农村的向心力，使农村集体经济的创新发展获得更多农民群众的大力支持与拥护。

其次，要进一步加强农村文化建设，促进乡村集体主义精神的理性回归。第一，根据时代趋势和农民群众精神文化需求的转变，围绕社会主义新农村的建设要求，大力推进重点文化工程建设，积极培育农村文化市场，着力构建适应社会主义市场经济体制，且符合社会主义精神文明建设规律的农村文化建设新格局。第二，始终把握社会主义先进文化的前进方向，组织和开展丰富多样的农村文化活动，不断充实公共活动内涵，创新公共活动形式，力图提高公共活动的社会效益，更好地满足农民群众多层次、多方面、多领域的精神文化需求，以切实实现和维护广大农民群众的基本文化权益；比如大力发展农村特色文化与农村民办文化，积极组织和举办农村优秀传统习俗仪式和公共文化活动，以公共空间、公共生活为主要依托，以高度的情感认同与良好的利益协调作为基础条件，以促进人的

① 刘镭. 现代农业发展的台湾道路：服务型现代农业的实践与价值 [J]. 河南师范大学学报（哲学科学版），2015（5）.

全面协调发展为价值旨向，在丰富农民群众的精神文明生活的同时，增强他们之间的正向互动联系，力图进一步培育和提升广大农民的集体主义精神与合作意识，进而为集体经济发展提供强有力的精神动力。第三，加大文化资源向农村的倾斜，重视乡村文化基础设施建设和构建公共文化服务体系，加快服务"三农"的出版物发行和流通，同时开展农村数字化文化信息服务，不断提高农民群众的思想道德水平和科学文化素质，促进形成文明健康的生活方式和社会风尚，力图实现农村物质文明、政治文明、精神文明的协调发展。

三、创新发展思路，注重典型示范

历经改革开放四十多年的风雨洗礼，如今中国农村集体经济不仅经济总量有所增加，而且实现形式趋于多元化发展，在社会主义新农村建设中发挥了不容忽视的积极作用。全国范围已经涌现了近万个集体经济做得好的村庄，这为其他各地发展与完善农村集体经济树立了模范榜样。为了进一步提升农村集体经济的发展层次与发展水平，基层党组织和政府应当把发展壮大农村集体经济作为推动新农村建设的一项基础性、战略性工作来抓，努力开拓村级集体经济发展的新局面。

1. 创新发展思路，鼓励探索和创新农村集体经济的多种经营形式

推进农村集体经济的发展壮大是需要长期坚持的一项系统工程，要求我们解放思想，在遵循农村经济发展的客观规律这一前提下，坚持改革创新，做好统筹谋划，为持续推进农村集体经济的健康稳定发展提供科学合理的宏观指导，力图实现农村经济的循序渐进、协调发展。第一，要以调查研究为基础，构建和完善农村集体经济发展的顶层设计，明确发展的中长期目标与主要任务，同时全面分析村集体的发展基础与优劣条件，破除陈旧思维的桎梏，动态调整农村集体经济的发展思路，通过开放共享、产业融合、模式再造等举措切实解决农村集体经济发展过程中的重难点问题。比如依据先易后难的顺序，逐步消除农村集体经济的"空壳村"，特

别是把扶持重点放在集体经济薄弱村上，同时通过实行具有针对性、实效性的举措，进一步拓宽村集体的稳定收入来源，力图实现集体收益与农民收入水平的双提高。具体来说，针对经济实力雄厚、具有产业优势、发展势头较好的村，应当确立较高层次的建设与发展目标，促使其加快发展步伐，持续做大做强；针对具有一定集体经济实力的村和规划调整归并的村，可以合理调整其产业结构，整合和高效配置存量的集体资产资源，支持其形成有利于农村资源的集约化利用，且与镇乡经济发展相衔接的村级经济。针对可支配收入较少的经济薄弱村，可以适当加大政府的财政扶持力度，同时不断增强其自身的发展潜能。第二，对于目前中国特色农业改革发展道路中已经存在的各类集体经济发展形式，应当加以正确引导，给予其必要的理论指导与政策支持，使这些宝贵的探索实践逐步成为比较规范和成熟的改革模式，同时也要注意避免不能采取"一刀切"的做法，避免盲目地、机械地套用传统集体经济发展模式，而应该鼓励各地大胆实践，勇于创新，允许和支持地方根据自身实际，选准集体经济发展的新路子，积极探索农村集体经济发展的新实现形式，继而形成可复制、可推广的成功经验，走出适应不同的经济资源、发展基础与发展能力的新型农村集体经济发展道路。

2. 充分发挥先进典型的示范引导作用

地方应当选取适合的、典型的农村集体经济发展成功案例，通过组织外地学习考察、召开现场推进会、经验分享会以及编写宣传推广材料等方式，切实提高基层干部和广大群众的发展信心，使他们全面了解和正确把握农村集体经济组织的内涵、性质以及多元化的经营方式。同时，对推动农村集体经济发展过程中的典型代表予以表彰，通过学习借鉴先进地区、先进村的特色做法和发展方式，认真总结和推广不同类型集体经济发展实践的有益经验，在结合本地实际的基础上，积极探索适合自身发展的现实路径和具体措施，进一步强化农民的集体合作意识，努力提高农民的组织化程度，鼓励和支持广大农民在生产生活中开展互助合作、优势互补，走共同发展、共同富裕的新路子，为提高农业规模化和现代化程度、进一步发展壮大农村集体经济奠定良好的基础，着力推动农村集体经济实现又好又快发展。

以贵州省安顺市塘约村为代表，"塘约道路"是在社会主义市场经济条件下把家庭承包分散经营改变为集体统一经营、发展集体经济的新路。① 具体来讲，塘约村合作社是由集体办的综合性农村合作社，是一种"新型的社会主义合作社"②，其实质是在社会主义市场经济条件下，农村集体所有制的一种具体实现形式，未来发展趋势是走向成熟完善的集体所有制。《塘约道路》③ 一书反映了当地的发展思路与具体实践：在基层党支部的坚强领导下，通过把分散的土地资源进行重新整合，分散的农民重新组织起来，使家庭个体经营转变为村集体经营，成立起"村社合一"的合作社，走集体化的发展道路，改变了单家独户、单打独斗的局面，克服了人多地少的矛盾、小生产与大市场的矛盾、家庭分散经营与规模经营的矛盾。与此同时，该合作社还按照市场经济运行的客观要求，实行民主决策、企业化管理，从事多元化产业的生产经营，取得了显著的发展成效。不仅促进了农业的集约化、现代化、规模化发展，而且依靠集体力量组织农民群众进入第二、第三产业，拓宽了村民的生产和就业门路，带动贫困群众真正实现了脱贫增收。

毋庸讳言，塘约村实行集体经营、发展集体经济的道路，是符合农民发展意愿、适应社会主义市场经济发展要求的新型农村集体所有制。这一发展模式有利于应对市场风险、自然风险、经营风险和家庭生活风险，有利于调动农民群众的积极性与主动性，使他们重新焕发出自力更生的精神风貌，有利于激活集体发展的内在活力，为当地农村经济的长足发展和社会主义新农村建设提供了原动力。

可以预见，"塘约道路"是在新的历史条件下，重新将农民群众组织起来，实行集体经营、发展集体经济、走向共同富裕的光明通途，是实现中国农业发展"第二个飞跃"的有效途径。当然，由于这一实践的时间不

---

① ② 简新华，李楠. 中国农业实现"第二个飞跃"的路径新探——贵州省塘约村新型集体经营方式的调查思考 [J]. 社会科学战线，2017（12）：79 - 90.

③　王宏甲. 塘约道路 [M]. 北京：人民出版社，2017.

长、经验尚少，仍处于逐步成长阶段，在管理制度和分配机制等方面仍存在一些问题，有待进一步成熟与完善。

第二节　建立健全制度体系，夯实集体经济发展的制度基础

一、深化农村集体产权制度改革

深化农村集体产权制度的改革，是我国全面深化农村改革的一条主线，是完善农村市场经济体制的重要内容，也是发展新型农村集体经济的必然要求。深化农村集体产权制度改革有助于建立符合市场经济要求的集体经济运行新机制，有助于增强农业农村发展活力，增加农民收入，推进农业农村现代化的实现。新时代背景下，应尽快赋予农村集体经济组织真正完全的市场身份，明晰产权主体的权能及其收益，从而进一步激发农业、农村发展活力，壮大农村集体经济。具体而言：

1. 进一步明晰产权

产权改革是我国农村集体经济改革的中心环节。归属清晰的产权能够为农村集体经济的发展提供盎然的生机与澎湃的活力。换言之，明晰、合理的产权关系能够对经济主体中的各方利益形成有效激励与约束，有助于降低风险和信息不对称性，抵制部分机会主义行为，帮助农户减少交易费用，进一步提高资源的配置效率。因此，农村集体经济产权制度改革的核心就是要明晰成员个人的产权份额及其边界，并使其权益量化得到保障。在现实实践中，针对还没有推行集体经济产权改革的农村地区，当集体产权面临主体虚置、权利残缺等困境时，应当汲取和借鉴成功的改革经验，同时结合本地特点，因地制宜地开展清产核资、资产量化、资产评估等改革举措。农村集体经济组织若要充分发挥降低交易费用的优势，必须根据实际推行适宜的组织形式。在产权改革的过程中可以考虑采取股份合作制的形式。一方面通过实现集体财产的量化以解决归属不清的问题，另一方

面通过合作制使得农民在集体经济组织的主体地位得到切实保障，与我国农村集体经济所有制的性质相符合，同时一定程度上避免了外部人控股侵害农民根本利益的情况。这有利于整体上盘活农村的资源资产，有利于推动农村经济体制机制的创新，有利于拓宽农民的财产性收入来源。

2. 合理设定集体股、个人股等各类股权

合理明确的股权设置是建立农村集体经济组织内部分配机制的前提性条件。针对已基本完成产权改革的农村地区，应当继续深化相关的配套改革措施，以进一步巩固和提升集体产权制度的改革成果，尤其是合理设定集体股的比例、完备个人股股权，以及逐步增加筹集股比例。第一，集体股股权方面，集体股的设立与农村集体经济组织所承担的社会公益服务职能相关。在部分农村地区，如果国家和地方的财政转移支付以及公益金、公积金提留仍然不能满足农村基础设施、社会福利以及公益事业发展的物质需求，而农村集体经济的收益可以加以弥补时，由集体经济组织成员民主讨论决定，同意后可以设立集体股。但是，随着国家财政支出的增加与农村集体经济实力的提升，鉴于集体股本身存在产权模糊的弊端，可考虑按照循序渐进的原则，逐步减持集体股的比例，直至完全取消。目前已经完成"村改居"的集体经济组织其原有的社会性负担基本由国家财政承担，就可以不设定集体股。① 第二，个人股股权方面，应当赋予集体成员完备的个人股股权。具体而言，就是赋予村民对落实到户的集体财产的占有权、抵押权、担保权、收益权、继承权以及有偿退出等完整的所有权，力图实现集体成员对集体资产的实际控制与管理。通过把集体资产真正地折股量化到每个集体成员，有助于在一定的区域范围内推动个人股权的自由流动与要素的合理高效配置，有助于切实保护集体经济组织成员应当享有的合法权利，同时赋予他们更多的财产权利。应当指出的是，在确定个人股的实际操作中，做好清人分类是关键，即个人股的分配资格应当依据当时集体经济组织成员的明确界定，并且具体的股份比例取决于该集体经

---

① 赵丽佳. 改革开放40年，湖北农村集体经济 [M]. 北京：中国社会科学出版社，2018：239.

济组织的性质、成员对集体的实际贡献等综合因素。第三，筹集股股权方面，应当逐步增加筹集股的比例。筹集股是源于农村集体经济组织外部的资金资产构成的股份。即由村集体组织成员、非集体经济组织成员的个人、农业专业合作社、龙头企业、家庭农场以及涉农部门等，通过入股农村集体经济，使社会上的优势资源与农村集体经济进行有机结合。譬如可以设立个人现金股，吸收个人的现金投资；设置社会法人股，吸收具有经济实力和技术专长的社会法人投资入股①。这样打破了过去农村集体经济的完全封闭性，实现了农村集体经济产权主体的多元化，不仅推动集体资产的保值增值，而且进一步解放和发展了农村生产力，激发农村集体经济的发展潜能与发展后劲。

3. 明确股权继承、固化与流转的实践方式与原则

对于量化股权继承，从全国范围的实践做法上看，一般允许量化的股权继承，并且只能在集体经济组织内部流转，但是不能退股。对于是否固化股权，各地做法不统一：有的地方实行不随人口变动调整的静态管理方式；也有地方依据人口增减适当调整的动态管理方式，譬如在股金分红收益水平较高的广东南海等地，在村民的强烈要求下，逐渐突破了原来的固化股权模式；另外，还有的地方如北京郊区一些村集体，则采取折中方式，对人口股实行生增死减，而农龄股不增不减。② 在今后的改革中，全国各地可以参考借鉴这一做法。在股权设置上，探索实行以固化为主，同时具有一定的股权变动的灵活性。应当说明的是，固化的初衷不是固守，而是为了不断优化生产要素配置，促进未来股权的合理开放性流动，进而更大程度地提高各类资源的实际效益。

不可置否，产权的顺畅流转是我国农村集体产权制度改革的最终目标之一。着眼当下，现阶段的农村集体产权制度改革是严格限定在本集体经

---

① 黄中廷. 新型农村集体经济组织设立与经营管理［M］. 北京：中国发展出版社，2012：160.

② 崔红志. 创新体制机制：发展壮大农村集体经济［M］. 北京：中国社会科学出版社，2018：64.

济组织内部进行的。这一做法的出发点是为了切实保障集体经济组织内部成员资产的收益权，严防内部少数人对集体资产的支配与侵占，同时严防外部资本对集体资产的控制与侵吞控制。但是，我们也必须认识到，随着农村流转市场的不断健全以及集体资产价值的日益显化和增值，农民股权的流转必将会突破集体经济组织内部这一范围。因此，我们应当在保证风险可控的前提下，逐步允许个人股权的自由流转，充分体现股份的市场价值；在赋予农民占有权和收益权的基础上，不断探索股权增值的新思路、新途径，新办法；以活权为实践导向，积极开展股权流转交易试点和股权抵押或质押，持续推进农村产权的交易流转。

　　总之，尊重和保护广大农民的根本利益是农村集体经济发展的本质规定。这就要求我们必须因势利导、积极稳妥地推动更深层次的农村集体经济产权制度改革，着力构建归属清晰、权能完整、流转顺畅、保护严格的集体产权制度，不断探索赋予农民更多的财产权利，让集体组织内部成员能够公平地享受合法权益与发展成果，实现乡村振兴与共同富裕，这也是对农村双层经营体制不断赋予新内涵的有益实践。

二、建立健全收益分配制度

　　社会主义市场经济体制下，经济主体对利益的追求是推动经济发展的内在动力。在推动我国农村集体经济向前发展的过程中，必须不断健全和完善利益分配机制，这是尊重和保障广大农民权益，激发其生产经营积极性的有效举措，也是将农民利益与集体经济发展紧密相连的重要纽带。

1. 建立健全农村集体经济组织收益分配的原则体系

　　农村集体经济的发展应当始终秉承分配正义的价值目标，正确处理好公平与效率之间的关系，既要确保集体成员可以平等享有集体收益分配的权利与机会，也要确保分配秩序的规范性与合理性。因此，构建一个包含平等、公平、效率、秩序等价值要素的分配正义的原则体系非常必要。①
具体来讲，第一，平等原则。在设计收益分配制度与规则时，必须在平等
协商的基础上充分体现集体成员的意愿，在分配过程中杜绝由某些少数人
"说了算"的现象，实行"多数决"，防止对集体成员的人身权利、民主权
利与财产权利的侵犯；当然，平等分配不等于平均分配，而是地位和机会
上的平等。我们应该避免集体中"不患寡而患不均"的平均主义倾向，警
惕平均主义思想的滋生蔓延。第二，公平原则。在实践中必须注重分配过
程与分配结果的公平，一方面在分配时应当对集体成员所作出的贡献给予
相应的物质回报，另一方面要努力维持集体成员之间的收入差距在合理范
围之内。同时，要对弱势群体予以适当倾斜，加强对集体成员的福利保
障。第三，效率原则。效率问题至关重要，能够有效调动集体成员的积极
性与创造性，为农村集体经济的发展提供不竭动力，让农村集体总收益的
"蛋糕"越来越大。因此集体经济组织在进行收益分配时，应当考虑到集
体成员在生产劳动上的贡献大小与努力程度，并在实际收益上有所体现。
反之，如果一概忽视成员之间的差别，会造成"搭便车"行为与道德风险
等消极后果，甚至还会形成新的矛盾。第四，秩序原则。这是分配正义的
程序性要求。在调整和改善农村集体经济组织的分配关系时，应该努力建
立良好的收益分配秩序；同时进一步规范农村集体经济组织收益分配的具
体流程，这是构建集体经济组织收益分配制度的关键环节。集体经济组织
的收益分配关乎每个集体成员的基本权益，要求分配程序与分配行为必须
更加合法、公开和透明。在制定分配方案前应当广泛听取和尊重集体成员
的意愿；初步拟定分配方案后，经全体成员或成员代表大会民主表决通过
并备案；与此同时，集体经济组织或者村委会、村民小组应根据法律法
规、相关章程及村规民约，及时向所有集体成员公布集体财产的现况，并
公开分配方案、分配程序与具体执行情况，接受集体成员的监督与质询，
力图实现以程序公平保障实质公平。

---

① 周喆菁. 农村集体经济组织收益分配制度研究 [D]. 南京：南京农业大学，2012：51.

2. 建立健全农村集体经济组织内部的激励机制

在村级集体经济发展态势向好的背景下，为了吸引人才加入农村集体经济的发展，增加人力资源的内部积累，必须注重加强对集体经济成员的正向激励。这里主要是针对农村集体企业的经营管理者的激励方式与手段，可以分为物质激励与精神激励。物质激励方面，在管理者的工资、奖金、福利等方面适当提高相应的分配标准，同时合理调整管理者与劳动者在股权分配上的比例幅度，譬如设置岗位贡献股；经营状态较好的、有实力的集体企业也可以对管理者实行年薪制度，并与行业效益、企业规模以及职工的平均薪资水平等相关指数直接挂钩；精神激励方面，譬如颁发资格证书、授予荣誉称号、评定业绩排名，等等。通过着力构建多元化、多层次与多形式的激励体系，不仅有助于管理者与村集体、农民形成更加紧密的共同体，而且有助于降低道德风险，促进农村集体财产的保值增值。

3. 建立健全农村集体经济积累机制，完善公积金、公益金制度

集体资产是农民赖以生存的生产资料，如果一次性的收益被全部分配完毕，无疑会导致农村集体经济组织无法持续正常运转，同时对农民基本生活和长远发展也都会产生诸多不利影响。因此，村集体应当留存一定比例的集体收益资金，并结合自身的发展实际，可以将集体收益用于扩大再生产、加强农村的基础设施建设、发展农村教育文化事业，抑或是作为集体经济组织的公积金，不断增强农村集体经济的发展后劲，使得农村与农民能够在集体经济长期良性发展的过程中获得长远实惠。

4. 进一步强化农村集体收入再分配功能

收入再分配政策是实现公平与效率关系协调目标的重要手段，也是农村构建和谐稳定社会的内在要求。实践上，依据不同村庄的经济发展情况，提高集体成员对农村集体收入再分配功能的重视程度，明确农村集体收入分配在社会保障体系中各项内容的优先次序，适当提高集体经济收入中用于建立健全农民社会保障体系的比例。特别是在一些集体经济发展基础较好、发展速度较快的地方，随着集体经济实力的增强，可以把一部分的村庄福利或补贴纳入农村社会保障体系，逐步提高农村的社会保障水平，让农民群众不再有后顾之忧。

此外，需要补充说明的是，当前，在一些新型农村集体经济组织内部，实行的是按劳分配与按资本、技术等其他要素所有权分配相结合的分配制度。比如塘约村采取"三三四"分配比例，即每年利润40%分给股东，按股权分配占大部分。未来的改革实践中，随着农村集体经济发展水平与质量的整体提高，在不严重影响各方面积极性的前提下，应当逐步提高按劳分配的比重，降低按股分红的比重，直至完全取消按其他要素所有权的分配方式，最终实现完全意义上的社会主义公有制的分配方式。这需要经过一个比较长的发展过程。①

质言之，科学合理的收益分配制度不仅关系到我国农村集体产权改革的成败，而且关系到农村集体经济组织内部凝聚力的强弱。因此，我们必须进一步完善农村集体经济的利益分配机制，不断拓宽集体成员的收入来源，建立健全农村集体经济收入增长的长效机制。各地可以根据本地发展实际，因地制宜地制定行之有效的分配方式与具体流程，努力促进和谐利益关系的实现，更大程度地调动起农村集体经济组织成员的主观能动性与创造性。

三、建立健全相关法律制度体系

完善配套的法律法规体系既是实现农村集体经济健康有序发展的有力支撑，也是实现和维护集体成员利益的重要保障。应当认识到，只有将行之有效的政策设计适时上升为国家法律法规，才能给予农村集体经济发展以更多的确定性，从而有效消除其发展进程中一些不稳定因素。当前，我们要建立和完善相关的法律制度体系，为我国农村集体经济规范化、法制化运行保驾护航。

---

① 简新华，李楠. 中国农业实现"第二个飞跃"的路径新探——贵州省塘约村新型集体经营方式的调查思考 [J]. 社会科学战线，2017（12）：79-90.

1. 加快制定和出台《中华人民共和国农村集体经济组织法》

作为我国农村集体经济发展的组织载体，农村集体经济组织的重要地位不言而喻。在我国《中华人民共和国宪法》《中华人民共和国农业法》《中华人民共和国民法通则》等相关法律中对"农村集体经济组织"作出了界定。然而，专门针对农村集体经济组织制定的法律法规尚未出台，即作为专门规范农业、农村经济的法律制度对农村集体经济组织的概念、性质、基本特征及其功能作用并未作出明确界定。虽然少数地方依据当地农村集体经济发展实际，制定和出台了一系列地方性的法规条例促进农村集体经济的健康发展，但因为其缺乏全局观念，且效力层次较低，稳定性较差，不具有普适性，所以不能从根本上解决问题，这就导致农村集体经济组织的法人地位仍然模糊。为了克服这一问题，国家应尽快制定并颁布《中华人民共和国农村集体经济组织法》。第一，要明晰规定农村集体经济组织的内涵、属性与功能定位，科学界定农村集体经济组织的主要职能，并在法律层面上肯定和维护集体经济组织的独立法人地位，使其真正成为具有相应市场权利和义务的完善的法人主体，能够更加公平地享受到国家赋予的各项优惠扶持政策，切实维护集体经济组织应当享有的合法权益不受侵犯，并进一步规范其运作机制和组织结构。第二，要在农村集体经济组织与村委会二者之间准确定性，在立法层面实现农村集体经济组织与党支部、村委会的职能分立，各司其职。逐步剥离农村集体经济组织的社会管理与服务职能，并将这一部分交由公共财政承担，使农村集体经济组织的经济职能得以凸显和强化，同时建立农村集体经济组织与村两委的有效协调机制。第三，针对农村集体经济的多元有效实现形式，比如农民专业合作社、社区股份合作社、土地股份合作社等，应在相应的立法内容上及时补充完善，建立健全涉农龙头企业参与农业产业化经营的相关法律，通过科学合理的规范和引导，力图有效规避和降低农民与企业合作的风险。第四，还要进一步规范、更新和完善农村集体经济组织章程，根据现实情况的变化发展，建立健全农村集体经济组织章程的审核备案制度，拟制符合当地实际的示范章程样本，积极引导农村集体经济组织研究和制定适合其发展实际的章程，出台推动村级集体经济持续性发展的扶持政策与保障措施。只有这样，才能使农村集体经济组织真正以独立市场主体的身份更好地发挥"统"的职能，从而为服务"三农"奠定基础。

2. 加快制定和出台集体资产管理法，切实保障集体资产不受侵犯

农村集体经济存续与发展的先决条件就是集体产权明确并且受到保护。当前，集体资产管理不善，流失严重，不仅影响了农村集体经济的稳定发展，也直接损害了农民的切身利益。为了解决这一突出问题，结合我国农村综合改革、新农村建设以及农业现代化的发展需要，应当利用法律手段进一步加强农村集体资产的经营管理，积极推动有关农村集体资产管理的立法工作，抓紧完善农村集体财产制度建设，为集体资产的保值增值提供强有力的法律保障。在具体工作上，加快完善全国农村集体资产的清理工作，在此基础上建立健全数据库，实行电算化管理；规范和完善级村级财务管理，明确村级财务公开的时间、内容、方式以及具体流程；严格规定民主理财小组的产生条件，提高农村财务管理的法治化与规范化；明确农村集体财产的所有权、经营权、使用权以及收益权，针对侵占、截留、私分、挪用或者以其他方式恶意侵犯农村集体的土地和财产的行为，必须坚决予以制止和惩罚；对于比较健全的农村集体经济组织，可以研究和推行村级会计人员参与财务管理的运行机制，并注重提高村会计的能力与素质，在条件成熟之时实行村账自管。

第三节 完善组织管理架构，筑牢集体经济发展的组织保障

农村集体经济组织既是农村集体经济的"组织者"，也是将众多的分散农户整合起来，把农产品的生产、加工、销售等主要环节有效结合起来，有效解决小农户与大市场矛盾的"协调者"。建立健全农村集体经济组织，是加快发展现代农业的必然选择，也是促进农村社会稳定的组织载体。

一、明晰农村集体经济组织的成员界定

成员权是农村集体所有制中农民应当享有的一项资格性、基础性权利，是农民在集体组织内获得生存和发展的必要前提，也是农民获得土地保障的重要依据。主要表现为一种与财产相联系的经济权益。农村集体经济组织成员资格的界定需要以一定的农村社会的生活基础作为前提，同时与农民群众的切身利益密切相关，主要包括农民群众能否依法获得农村集体资产分配、农村土地的承包经营权以及农村集体土地征收征用补偿款分配等合法权益，因而对广大农民和农村发展而言具有极其重要的现实意义。

在深入推进农村经济改革的进程中，必须不失时机地进一步明晰农村集体经济组织成员的资格认定，确保农民群众切身利益不受损害。鉴于集体经济组织成员资格的涉及面较广、利益关系十分复杂，且涉关农民群众享有的基本权利，国家必须加快制定和出台具有权威性的相关法律条文，明确原则性的认定标准，使得农村集体经济组织成员的资格认定真正实现有法可依、有章可循。同时，各地应当以法律和政策为基本准绳，从本地的实际情况出发，同时借鉴各地经验，加快制定具有针对性的一系列地方性法规，贯彻落实相关的政策方针，进一步规范成员资格的认定、登记、变更、转让和取消等具体流程，明晰产权主体的权能及其收益，确保农村集体经济组织成员身份的公平和透明，以最大程度地减少和避免由经济利益或物质利益引起的纠纷与冲突。

具体而言，界定农村集体经济组织的成员资格应遵循以下原则：第一，坚持尊重历史、进一步厘清在特定的历史条件下，构成集体经济组织成员身份的来源要素；同时，承认现实，把握动态变化的原则，力图做到在成员资格的认定上覆盖各个阶段的不同群体。第二，坚持权利义务对等的原则，即集体经济组织成员的合法权利与其应当承担的义务、成员所付出的实际贡献相当。第三，坚持尊重农民的意愿和诉求、实现程序的合法性、公正性与公开性相结合。坚持以人为本，深入实地了解农民诉求和期

盼，全面考察一定时期内农民生产生活的基本情况，掌握其基本特征；在成员资格的界定上，必须符合农民群众的真实意愿，获得他们的认可与支持，特别是在确立资格标准时，可以将户籍、落户的人口性质、落户的必要性及其主观意图、居住年限、对集体积累的贡献、履行村民义务情况、与农村集体经济组织的联系密切程度等因素纳入重点的考察范围；另外，对于集体中外出务工者、入伍参军、孤寡老人、寡居妇女等特殊群体也需制定相应的管理办法；在认定程序上必须秉承公开、公平与合理的基本原则，让村民对涉及自身利益的重大事项拥有知情权、发言权和决定权，真正实现集体成员的人人参与，通过农村集体经济组织成员之间的民主协商最终决定具体的实施办法；积极回应本集体成员的共同诉求，可以通过建立成员登记备案制度全面保障农村集体经济组织成员的应有权益，防止出现成员冒着"道德风险"的"搭便车"现象，让成员权益类的矛盾和纠纷止步于村集体内部。在实践经验上，可以参考湖北省实行的"以户籍登记为基础，以法律法规为依据，以村规民约为参考，以外地经验为借鉴，以民主评议为结果"的成员资格评议办法。现阶段以是否具有本地户籍关系、是否拥有土地承包经营权和是否参与集体经济组织的收益分配等为主要参考指标。①

概言之，集体经济组织成员资格的认定关系到农村社会的整体稳定，关系到每一个成员的最直接利益，也关系到实现农村经济改革成果的可持续性。一方面我们应当切实维护当事人的合法权益不被侵害，另一方面，我们也应当全力保障集体利益不被非法瓜分。在实践中，必须综合考虑当事人与集体经济组织之间的关联性，合理界定集体经济组织的成员资格，为农村集体经济的可持续发展提供坚实保障。

二、提高农村集体经济组织的管理效能

1. 推动政经分离、明确市场主体地位

一直以来，村"两委"与农村集体经济组织的"政经关系"是困扰我

---

① 崔红志. 创新体制机制：发展壮大农村集体经济 [M]. 北京：中国社会科学出版社，2018：62 - 63.

国农村集体经济发展的突出问题。在传统农村管理架构下，村干部主要负责集体经济的生产经营活动，有的地方虽然成立了股份经济合作社，但其治理结构却还是村级管理和组织结构简单移植，主要是由党支部书记兼任董事长，村主要领导兼任董事会和监事会的负责人，这种"三位一体"、政经混合的职能关系导致农村集体经济组织职能逐渐被弱化，难以像企业一样以利润最大化为追求目标。应当认识到，由于农村集体经济组织与村"两委"在性质、价值诉求、运作逻辑、职责范围、发展目标等方面不尽相同，"政经分离、独立运作"是农村集体经济组织走向科学化管理、市场化运作、规范化发展的重要基础。

为了打破这一发展桎梏，必须进一步理顺农村集体经济组织与村"两委"之间的职能关系，实现相对独立，各司其职，共同拉动农村经济社会发展。其中，农村基层党组织作为农村各类组织与各项工作的领导核心，应当充分发挥其在新农村建设中的战斗堡垒作用；村民委员会作为基层群众性自治组织，应在尊重农村集体经济组织独立行使经济职能的基础上，积极维护和发展广大村民与集体组织的合法利益；农村集体经济组织则是在村党支部的坚强领导与村委会的科学指导下，承担开发和整合资源、兴办运营集体企业、协调生产服务、促进市场营销等经济管理职能，力图通过多渠道、多路径、多形式实现村集体资产资源的保值增值。值得强调的是，在社会主义市场经济条件下，要实现集体资产效益的最大化，必须适应推进农业农村现代化和实现乡村振兴的发展要求，实行"政经分开"，创新农村集体经济的运行机制，明确农村集体经济组织的市场主体地位，充分尊重农村集体经济组织依法独立开展经济活动的自主权。只有这样，才能有效盘活"沉睡"的农村集体资产，才能真正管好用好集体资产，促进农村集体资产使用效率的最大化，进一步激活农村各项生产要素的内在活力，加快推进乡村振兴战略，带动农民增收致富。

2015 年 11 月，《深化农村改革综合性实施方案》中明确指出：要开展政经分开试验，改变由村委会代行经济组织职能的现象。在中央政策方针的指导下，广东南海在农村集体经济改革的实践进程中结合自身实际，采取了"政经分离"模式，即把农村集体经济组织从基层自治组织中成功地剥离了出来，实现了自治职能与经济职能的分离，基层党组织也更好地发挥了全盘统筹与协调的积极作用，有效解决了基层农村管理模式"一肩挑"的弊病。目前，南海村社建立了基层党组织、农村自治组织以及集体经济组织"三驾马车"，各负其责完成好发展农村经济与基层治理的使命和任务。同时，在保证农民群众合法权益不受侵害的前提下，鼓励农村集体资产逐步向自主经营、盈亏共担的发展模式过渡，使得当地农村集体经济发展取得显著成效。因此，对于一些具备条件但仍未建立集体经济组织的农村地区，应在中国共产党的领导下，尽快推进组织建设，明确集体经济组织的组织架构、成员结构、资产状况与发展规划等；对于已初步建立集体经济组织的地方，应当进一步加强自身组织建设，着重理顺农村集体经济组织与其他村级组织之间的职责关系、完善其功能定位，特别是针对集体经济组织运转中行政力量干预过多的情况，要因地制宜、适当借鉴"政经分离"模式，在试点试行的基础上逐步推开。

2. 完善农村集体经济组织的内部治理结构

丰富和完善农村集体经济组织的内部治理结构，是确保农村集体经济组织健康发展、高效运营的关键，是保障村集体成员合法权益、体现成员意志的基础，也是化解农村矛盾和构建和谐社会的有效手段。为了避免农村集体经济组织形同虚设、流于形式，应当按照现代企业制度的要求，引入先进的经营管理理念，建立健全由成员大会（股东大会或社员大会）、董事会（理事会）、监事会组成的"三会"治理结构，对集体经济组织内部管理机构的设置及其权利义务予以明确规定，并积极发挥各自功能，形成相互制衡的作用，有力确保集体经济组织内部产权明晰、权责明确、监督有效。其中，成员大会（股东大会或社员大会）是最高权力机构，主要行使委托人的权力，讨论和决定涉关本村集体经济发展的一系列重大问题，譬如项目投资、收益分配、发展规划等；董事会（理事会）是执行机构，主要行使管理代理人的职能，主要承担农村集体经济组织的日常运营管理、对外协调等事务；监事会是监督机构，主要行使监督代理人的职能，即代表成员（股东或社员）对董事会（理事会）进行监督。一方面，要确保成员（代表）大会定期按时召开，落实其在选举、议事、表决和监督等方面的职能和权利，同时贯彻"一人一票"的决策机制，充分发挥成员（代表）大会对集体经济组织管理层的监督作用，彻底杜绝家长制作风和"一言堂"的现象，增强村民的认同感、融入感和归属感，带领村民共同致富。另一方面，要通过规范、公开的民主程序选举农村集体经济组织的董事、监事等，强化对核心经理管理者的选聘，着力提高经营管理者的人力资本水平，引进和培训更多优秀的经营管理人才加入农村集体经济组织，同时构建有效的考核评价机制、薪酬激励机制和约束机制，规范组织运作机制，避免内部人控制以及委托—代理等问题。此外，为了加强对集体财产的监管力度，农村集体经济组织可以在此基础上，成立由基层党支部、村委会以及集体成员代表等共同组成的集体资产管理委员会，从而与"三会"一同构成更加明晰、完整的内部治理结构，推动集体经济组织向现代管理模式加快转变，实现经营管理上的民主化、规范化和科学化，以进一步提高农村集体经济组织的管理效能与综合效益。

三、加强农村基层党组织队伍建设

党和国家在农村开展工作必须依托于农村基层党组织，它不仅是党的路线、方针和政策在农村得以顺利贯彻落实的重要媒介，也是我国农村集体经济始终坚持正确发展方向的政治保障。党的十九大报告指出，针对一些基层党组织弱化、虚化、边缘化的问题，要着力加强基层党组织队伍建设，进一步提升基层党组织的号召力、凝聚力和战斗力，这实质上为我们在新时代新形势下加强基层党组织建设指明了前进方向。具体而言：

1. 加强村支部领导班子建设

村党支部是党在农村开展工作的最基层的组织，是带领农民群众集体致富的核心力量，在建设社会主义新农村中发挥着战斗堡垒作用。新时代发展壮大农村集体经济，必须要提高对村支部领导班子建设的重视程度，配优、配好、配强村级领导班子，提高村级领导班子的综合素质和行动能力，这是促进农村集体经济实现良性运转的基础条件。

第一，通过两推一选、双推双选、公开选拔等多种途径，认真选优配强村级"两委"班子，切实加强村级干部队伍建设，把那些思想解放、开拓进取、勇于创新、德才兼备、清正廉洁、具有较好的政治素质与经营管理才能，能够带领农村发展和农民共同致富的"能人"选进村级领导班子。结合实践，可以有意识地做好教育引导本地科学技术人才和经营大户等优秀人才的思想工作，不断提高他们的政治觉悟、思想道德素质和奉献精神，待时机成熟时及时吸收进村级领导班子。另外，在村党支部书记的选拔上，应当实行严格的标准要求，把高文化素质、党性修养强、群众威信高、社会责任感和事业心强的优秀党员选为党支部书记。同时，要进一步优化村级领导班子的内部结构，改善村级领导班子的年龄层次、知识水平以及文化程度，注重选拔优秀的年轻干部，充实领导班子的新生力量，提升村级领导班子的整体素质，有效解决村"两委"班子不强、人才缺乏的短板和问题，不断增强村支部班子发展农村集体经济的活力与能力。

第二，要提高村级"两委"班子的政治理论水平与实践行动能力。一方面，在壮大农村集体经济的过程中，要着力提高乡村领导班子的政治理论水平，使其正确认识到发展新型农村集体经济的重要性与紧迫性，特别是对社会主义新农村建设与城乡经济社会一体化的重大意义，并始终用先进的理论知识去武装自己，认真贯彻落实党中央的政策方针；另一方面，要加强村"两委"班子驾驭市场经济的实践能力和本领，瞄准和发挥当地的特有优势，准确把握发展方向和发展路径，制定符合实际的目标任务，科学引导农村集体经济组织的健康发展；同时坚持问题意识，善于分析形势、发现症结和破解问题；号召和组织农民群众构建各类合作平台，在集体合作经营的过程中，帮助本地集体经济组织进一步明晰产权，构建和完善激励机制、约束机制和监管机制，促进集体经济遵循客观规律规范有序运行，充分尊重和保障农民群众的合法权益，引领广大农民在市场经济体制下发展新型农村集体经济，以顺应现代化农业和未来农村经济发展的潮流趋势。从现实角度来看，凡是集体经济实力雄厚、农民生活富裕的农村，譬如近些年广为宣扬的贵州塘约、山东东平、浙江嘉善等明星村，都离不开一个敢闯敢干、团结高效、开拓奋进、务实进取的村级领导班子。可见，村级"两委"班子的主要职能是为发展壮大农村集体经济"筑巢"，带领农村各类组织和广大党员干部群众推动发展，为集体经济的长远发展创造更好的社会环境，当好农村集体经济发展的"领路者"与"护航者"。

2. 加强对农村基层干部的教育培训力度

围绕强村富民的发展目标，加大教育和培训力度，大力实施村干部"素质提升工程"，重视培养农村基层干部的带头意识，扎实提高村干部的思想政治素养和农村农业的经营管理能力。利用微信、微博、QQ 等新媒体手段，促使村干部及时更新和积极转变其思想观念，培养其前瞻性和创新性思维；依托党校和职业学院等培训基地，分期、分批地组织开展多类型、多层次的专题培训班，进一步丰富农村基层干部关于市场经济发展、法律常识以及农村实用技能等领域的系统性知识，不断增强其政策观念、市场观念以及群众观念，培养灵敏的洞察力；根据可行性、实用性与实效性的三大原则，定期开设关于发展农村经济和集体经济经营管理的前沿课程，让他们掌握当前农村集体经济的发展现状、运行规律以及未来发展方向；为农村基层干部提供外出参观考察、集中培训以及专家访谈交流等一系列活动机会，交流总结成功实践的宝贵经验，进一步开阔眼界、拓宽发展思路；采取专业化、实践化培训与基层锻炼相结合的方式，创造条件让一些基层干部到国内农村集体经济发展较好的地方对口挂职，通过跨地区、跨区域的观摩学习和亲身实践，通过促使他们了解、学习和掌握集体生产、集体经营等方面的科学知识与实践技能，同时不断提升他们清廉高效的工作作风与服务水平；应当进一步加强法律知识的教育培训，提高基层干部的法治思维能力。广泛宣传和普及法律知识，促使其树立法治思维、切实依法办事，让农村集体经济能够在法律保障下健康发展。此外，可以把农村集体经济发展纳入基层干部的工作考核指标，建立基层干部任期目标责任制，实行发展集体经济工作与基层干部工作绩效相挂钩，对集体经济发展作出了突出贡献的基层干部，给予相应的物质和精神奖励，以更好地激励农村基层党组织队伍重视集体经济的发展，让各基层干部把发展壮大集体经济作为工作的重中之重，在农村集体经济项目方案的谋划、运转与实施等诸多环节中，努力做好全方位的指导和服务工作，确保集体经济项目稳步增收，努力实现农村经济发展目标。

综上，加强基层党组织建设，就是要强化基层党组织的指导、协调与服务功能，让党员干部在发展壮大农村集体经济、实施乡村振兴战略中充分发挥先锋模范和示范带头的作用，积极投身于集体经济建设、广泛团结和动员农民群众，致力实现党的领导与基层民主的有机统一。

第四节　整合要素资源，激活集体经济发展的内生动力

一、促进农村土地资源的高效配置

客观而言，作为农村地区最基本的生产资料，土地是农村村级集体资产中最重要的组成部分，是农村集体经济组织一项最重要的资源，也是我国农村集体经济赖以发展和壮大的基础性要素。探索建立合理有效的农村土地的集体所有制实现形式，是发展壮大我国农村集体经济的核心议题。发展农村集体经济就是要在尊重和保障农民群众的合法土地权益的基础上，充分挖掘我国农村土地集体所有的制度优越性。从某种程度上说，新型农村集体经济实力能否持续壮大，关键就在于农村土地资源能否得到高效利用。因此，针对土地细碎化导致效率低下的问题，要求我们必须进一步优化农村土地资源的配置方式。

首先，在保障农民的家庭承包经营权利的这一前提下，通过土地整理合并、闲置宅基地复垦、"四荒地"（荒山、荒丘、荒滩、荒沟等未利用的土地）开发等多种方式获取新的农地，由农村集体经济组织采取合适方式进行统一经营和管理，通过公开竞价的形式，承包或出租给实行产业化、规模化经营的农村龙头企业和农村专业大户，以便进行适度的土地规模经营，提升土地资源的附加值，为当地村集体创收。

其次，建立健全农村土地承包经营权流转市场。规范有序地推进土地

流转是盘活农村土地资源的关键环节，这是中央对解决"三农"问题作出的一项重要决策，也是对我国农村经济改革经验的科学总结。在具体的实践过程中，应当遵循以下几个原则：

第一，坚持因地制宜、审慎推进。中国幅员辽阔，由于历史、社会、地理等多种因素的影响，我国农村地区之间存在较大差别，使得土地流转呈现十分复杂的状况。即便在同一地区的不同时期，农民参与土地流转的动机、目的、程序和具体方式也会有所差异。这就要求我们对于农村土地流转不能急躁冒进，必须采取审慎态度，全面考察当地发展实际，并遵循客观规律，在适应当地经济社会的发展水平的前提下渐进推动土地流转，因地制宜地制定土地流转交易管理办法。对于城镇周边的农村，可以充分利用地理区位优势，在国家和地方政策允许的范围内，进一步放活土地经营权，采取入股、转让、租赁等多元形式优化土地资源配置，带动村集体和农户的稳步增收；对于处于偏远山区的农村，可以积极开发和利用村集体所有的荒山、荒坡、荒地等闲置土地资源，按照民主意愿，由村集体统一开发和整理，进行农业综合开发，由村集体收取承包费，增加集体收入。

第二，坚持自愿有偿的原则。土地自古以来就是农民赖以生存的根本，是作为经济主体的农民在从事生产经营活动的最基本资源和最重要资本。农民作为土地承包权人，是农村土地流转的绝对主体，任何组织和个人不得强迫、更不得阻碍农民自愿流转土地。同时，也要对农民进行法律政策知识普及，彻底杜绝"一次性买断"的现象。土地经营权的流转是基于稳定土地承包权之上的，如果丧失了承包权，意味着将失去相应的经营收益权。因此必须充分尊重农民的主体地位，依法落实和维护农民的应有土地权益，着力实现农村土地资源的保值增值，土地流转方能持续顺利地推进，为我国农村集体经济的发展创造有利条件。

另外，在促进土地确权的同时，可以建立健全农村土地流转服务组织与网络平台，提供政策咨询、价格评估、合同签订、信息公开等一系列服务，明确流转期内土地转入方与转出方各自的权利和义务，并合理确定土地流转期限和流转费用；建立健全纠纷仲裁机制，及时化解土地流转纠纷。

　　毋庸讳言，土地流转并不是对家庭承包制的否定，而是对这一基本制度的必要补充和进一步的创新完善。在农村生产力水平不断提高和劳动力结构持续变化的背景下，土地流转的现实意义在于：其一，土地流转至农村集体经济组织进行统一经营管理，能够有效地化解农地抛荒问题，并形成了一定的规模效应，促进了农村地区的集约化生产与规模化经营，有利于加快我国农业现代化的发展步伐；其二，流转的农地主要用于发展农村集体经济，增强村集体的经济实力，这在一定程度上能够有效遏制和防范农地的"非粮化""非农化"趋势，有利于保障我国的粮食安全；其三，土地资源的相对集中，能够为农村集体经济破解土地制约，同时减少土地制度的交易成本，进一步挖掘土地资源潜力，因此依法推进土地有序流转是我国农村集体经济转型和发展的先决条件与重要节点。

二、加强和规范农村集体资金管理

1. 整合财政支农资金，建立健全资金筹措机制

　　积极争取和统筹安排财政扶持资金，调整财政惠农支农资金的投入重点，优化财政资金的投入方式，用好各类专项支农资金，整合现有扶持新农村建设与社会公益事业的资金项目，包括现代农业发展资金、农田水利等基础设施建设补助资金以及扶贫资金，强化财政资金对促进村级集体经济发展的积极效应；探索和创新基金式扶持，设立农村集体经济发展基金，委托相关职能部门统一管理和运作，当项目实施条件成熟之时，村集体可以从该基金中提取所需项目资金；集体经济实力较强的农村应当进一步提高自有资金使用上的灵活性，尝试和探索通过参股、合资等形式与其他所有制经济开展合作，发展混合所有制经济，譬如跨区域建设物业设施或兴建厂房，进一步盘活集体资金，拓展集体资产的运作空间；同时，借助外力发展壮大村级集体经济，特别是对于基础较好、资源丰富但自主资金紧缺的农村地区，可以通过招商引资的方式吸引民营经济的加入，同时建立相应的激励机制，引进企业落户，动员社会资本投资，开发和拓展集体经营项目，扩大集体经营规模，着力提高集体经济的经济效益与社会效

益。另外，加快发展农村金融业，具备一定经济实力的农村地区可以建立民间金融组织，加大信贷资金对农村集体经济发展的扶持效力，为农村新型集体经济组织的成立和发展提供所需资金。通过不断拓宽筹资渠道，完善融资机制，腾出更多的资金用于壮大农村集体经济组织，有效增强农村集体经济的发展活力和发展后劲。

2. 建立健全村级集体资金管理机制，保证集体资金用途的合法性、合规性与合理性

为了进一步提高集体资金的使用效率，必须重视和加强集体资金管理，进一步规范集体资金的合理用途。对于集体经济实力较弱的农村，除了维持正常的组织运转外，还可以适当增加财政补贴，帮助其进一步改善生产生活条件；对于集体经济实力较强的农村，可以将集体资金投入效率高，见效快的开发项目中，提高资金的利用率和贡献率；在这一过程中，对于村级集体资金的投放去向，必须进行实时掌控，加强对集体资金的严格监督；村集体应坚持开源节流，杜绝挥霍浪费，把经济利益放在生产活动的重要位置，确保村集体经济收入要有一定的比例用于发展生产，使每一笔经营性资金用在实处，防止贪污腐败以及不合理开支等行为的出现；加强集体收益的收取和分配管理，坚持长远利益与眼前利益相结合，坚持集体利益与个人利益相统一，力图稳步增加村集体积累、改善经营管理，促进村民增收，让村集体能够发挥更大潜能；逐步完善村集体收支预决算机制与财务公开机制，成立理财小组，实行民主理财，可以依据自身情况设置一定的资金使用限额，超出限额时须经过村集体成员代表大会商议决定，以保证集体资金用途的合法性、合规性与合理性；通过实现集体资金管理的制度化、信息化与规范化，切实保证村级财务管理的公正、公开和透明，譬如在重要的时间节点例行检查核实账目，并对集体资金的来源和实际用途进行全面说明，随时接受村民群众监督，尊重和维护村集体成员的知情权与参与权；此外，加强村级财务审计工作，对于村级财政转移资金的使用情况以及村集体筹资情况进行专项审计，并开展经常性的跟踪审计，定期公开审计结果，严肃查处财务管理中的违法违规违纪行为，确保农村集体经济健康有序运转。

3. 积极化解农村集体债务

根据国家和省、市相关政策及要求，对村级的各类债权、债务与担保金额组织全面彻底清理，采取多种方式和途径，及时、有效地化解村级不良债务，通过加强"一事一议"资金项目管理，进一步减轻村级债务的反弹压力。对于现有的经济担保，应当规范资产抵押等担保流程，确保资产抵押手续符合规范，以便降低风险；对于因公益福利事业形成的村级债务，可以采取以资抵债、收欠还债、降息核减、债务重组、核销减债等方法进行化解，也可利用现行的融资筹资政策，或考虑积极争取上级财政奖补资金来化解；对于因村干部报酬陈欠而形成的村级债务，应通过加大财政转移支付力度予以妥善解决。同时，要注意避免采取低于资产资源价值的长期租赁方式，或是改变集体建设用地性质获得征地补偿的方式。因为这些都是只顾眼前债务的短视行为，最终不利于集体经济的长远发展。在实践过程中，一是可以制定一个中长期化债规划，以 4~5 年为一个周期，每年拿出集体收益的固定比例偿还债务，以保障本地集体经济的可持续发展；二是应当明确具体流程，坚持公开透明。即预先制定明确的化债流程，并定期向集体经济成员公布真实信息，如果村级债务规模较大，则需要对其债务实施全程跟踪与监控。另外，农村集体经济组织应当积极践行"量力而行、量入为出"的原则，加强债务的财务管理，在有序化解旧债的同时，最大限度地避免新债产生的随意性，尤其是坚决防范和杜绝村级新不良债务的产生。譬如未经成员代表大会或成员大会讨论通过的大型基础设施建设项目，一律不得盲目举债兴办。

三、充分发挥人才资源的支撑作用

农村集体经济的繁荣发展，离不开优质的人力资源作为基础性支撑。针对农村人才短缺与外流并存的问题，要求我们重视树立正确的人力资本理念，加强农村地区的人力资源开发，不断提高农村人力资本的质量，着力破解当前农村集体经济发展所面临的"人才困局"。

1. 加强农村人力资源开发，促进人才管理创新由封闭型向开放型转变

历史和现实有力证明，农村集体经济的振兴尤其需要本地能人的带动和农民集体的凝聚力与归属感的重塑。农村集体经济发展不仅要重视人力资源的数量，也要重视人力资源的质量，采取行之有效的措施吸引更多的能人返乡，为能人返乡后真正带动当地村级集体经济发展铺好路子，切实把人力资源转化成为高质量的人力资本。一方面，通过制定和出台鼓励能人返乡的优惠政策，加大政策支持、资金补贴和金融扶持的力度，吸引大学生、退伍军人和农民工等各类优秀人才返乡创业、投身于农村经济建设，并为其提供更加宽松的发展环境和便利的发展条件，从而进一步提升农村集体经济的人力资源储备；另一方面，探索和创新本地能人与农村集体经济组织的合作模式，构建合作共赢的可持续发展机制，让更多的乡村能人参与到农村集体经济的管理事务中，进一步焕发组织活力，或通过产业合作等多种方式实现乡村能人与农村集体经济组织之间的收益共享。

2. 构建乡土人才培养机制，着重培育农村致富"带头人"

"火车跑得快，全靠车头带。"培养和造就扎根本土的致富带头人，是破解农村人才困境难题的一剂良药。农村地区应当加强乡土人才培养，通过制定和实施人才发展计划，充分挖掘人力资源潜力，加快培养有文化、懂理论、会管理、善经营、有技术的复合型人才，并把选拔和培养一批致富带头人当作促进当地集体经济发展的一项重点工作，更大程度上发挥其积极的带动作用。

第一，科学把握好致富带头人的选拔标准，确保农村致富带头人队伍的高质量。作为农村致富带头人，应当对本地发展情况了如指掌，具有较高的文化素质、灵活清晰的发展思路以及前瞻性的发展眼光，能够抓住时代发展机遇，在生产技术、市场开拓等环节不断开拓创新；同时，带头人还应该具有乐于奉献的品质精神、卓越的领导才能与群众威信，能够带领农村摆脱传统落后的思维方式和经营理念。第二，建立健全致富带头人的

培训管理机制。在明确重点培养目标后，通过搭建培训平台、开展系统培训与跟踪帮扶等措施，不断提高村集体"带头人"对发展集体经济的组织管理能力和专业技术水平；积极宣传致富带头人的正面形象，扩大其社会影响力；同时完善相应的激励与奖励机制，引导和鼓励致富带头人向广大村民传授专业业务技能，帮助和带动当地农民发展优势产业，实现广大农民群众致富愿望，推动农村集体经济更好发展。

3. 加快实施新型职业农民的培育工程

作为新型农业经营主体的重要组成部分，新型职业农民是推动我国农业产业化和现代化的主力军，也是乡村振兴战略的重要人才力量。实施新型职业农民培育工程，是加快我国传统农业转型升级，实现农业农村现代化的必然选择。立足新时代农村集体经济发展的新特点、新任务与新要求，应特别加强农民的职业技术教育，改变农村劳动力的综合素质仍然偏低的现状，力促农民由身份属性向职业属性转变，努力打造一批具有较高的文化素质高、掌握现代科学技术、具有良好的市场经济把握能力，且能够适应现代农业经济发展需求的新型职业农民队伍。在实践中，应加大政府在农村职业教育领域的投入力度，将农民的职业技术教育培训纳入整体规划之中，引导农民更多地关注职业技术教育，使他们充分认识到接受职业技术培训的重要意义；充分利用远程教育、学历教育、短期培训等多种形式，周期性开展多类型、多层次、多渠道的农民职业技术教育培训，开展覆盖生产环节、经营业务、农业推广以及管理知识培训等多元化的教育指导与服务内容，深化他们对新型农村集体经济的理解程度和适应能力，切实增强其致富意识与致富能力；为切实提高农民的科技文化素质，各地县委可以与大型科研机构和高等院校展开合作，举办周期性的科技成果应用与推广活动，从而进一步激发农民对农业科学技术的兴趣和需求，着重培养高素质的农业技术人员与专业管理人才；同时，结合本地的地理区位、产业结构与发展基础，了解当前农民的实际技能需求，重点引进和推广适宜且有效的职业技能，有针对性地提升村民的专业技术水平，增强农村劳动力实现"自我造血"的整体能力。

4. 建立和完善农村人才引进机制

实行多措并举、做好"筑巢引凤"工作。一是不断拓宽选人用人视野，克服对引进村外人才的排斥心理，真正将是否具有高度的责任感、强烈的事业心以及过硬的技术本领作为主要的选用标准，吸引更多的农村经营管理专业型人才；特别是对于急需且短时间难以培养的高级技术人员，譬如具有先进科学技术与创新能力的农业科技人员，可以通过每年从国家科研单位、大型科研企业以及国内外高等院校等地引进；对于会管理、懂技术、熟悉农业的优质人才，应当不拘一格地积极引进村外精英；二是在引进方式上，采取原则性与灵活性相结合，可以根据各地的不同情况，适时采取短期指导或者长期聘用的方式，同时采取奖励补贴、安家落户等一系列优惠政策，加强当地基础设施建设，提高农村实用型高端人才的薪资待遇，吸引一批素质突出、具有丰富成功经验与专业理论知识的先进人才加入进来，及时为农村集体经济的发展壮大输入新鲜血液。

第五节　优化外部环境，增强集体经济发展的助推力量

农村集体经济不仅是促进新时代"三农"现代化发展的重要载体，而且是促进实现共同富裕目标的有效途径。立足当前我国农村集体经济的发展现状，各级政府应当多措并举、综合施策，努力提高政策的精准性和实效性，实现政策的公平化、常态化与制度化，为农村集体经济的转型发展创造良好的外部条件与政策环境。

一、多渠道加大政策扶持力度

1. 推行积极的财税政策

农村集体经济的正常运转离不开科学合理的财政政策。各地可结合实际，将支农资金和项目优先安排给农村集体经济组织，帮助农村集体经济

组织解决融资困难，使其成为国家财政资金项目的重要承接者；同时不断完善招商引资的优惠政策，支持和鼓励农村集体经济组织通过招商引资、项目建设进一步壮大村级集体经济实力；增加财政资金投入，实行积极的财政政策，对于促进农村集体经济发展的农业综合开发、农业产业化、标准厂房建设、仓储加工设施、生态保护、村庄整治、休闲观光农业开发、新农村建设等项目应当优先予以立项和资金扶持；对于集体经济实力较差、地理位置较偏远且经营性净资产较少的地区，可以建立财政专项资金来保障其正常运行；对集体经济薄弱村新建的公共物业项目，可以实行财政贴息的政策，同时相关行政部门应当简化审批程序，为其提供更多便利；安排年度专项资金补贴和奖励村级集体经济发展，重点扶持集体经济收入水平低下或无收入的村集体开发经济项目，鼓励当地集体经济组织申报财政支持的农业生产和新农村建设等各类基金项目；此外，进一步扩大公共财政在农村的覆盖范围，强化政府公共服务职能，以有效减轻农村集体经济组织的社会负担。在税收方面，进一步巩固农村税费改革成果，加大对农村集体经济组织生产经营活动的税收支持力度，对于村集体发展的经济项目建设或新办企业，按照规定给予适当的税费减免政策，以降低农村集体经济的经营成本，譬如将村集体开办的特色项目或落户到村的企业所实现的税费收入，依照规定由财政提取一定比例返还给村集体；尤其是对于发展前景较好的重点企业，可以酌情加大扶持力度，采取降低税收标准或税收先征后返的方式，以增加农村集体经济组织的资金储备，为其扩大再生产提供充足的物质支撑；对于集体经济组织利用物业租金收入从事农村公益事业建设和公共事务的部分，可以实行税前列支。

2. 加大金融政策的扶持力度

农村金融机构作为我国农村经济发展的重要支撑，是推动农村集体经济实力壮大的"助推器"。各级政府部门应鼓励和引导农村金融机构，进一步加大对农村集体经济发展的信贷资金支持，在防范金融风险的前提下，把农村集体经济组织、农民专业合作社以及村级集体经济企业作为信贷支农的重点对象，加大金融信贷的投放力度，适度提高农村集体资金的杠杆率。首先，全面开展对农村集体经济组织的授信评级，根据集体经济组织的信誉状况及其资金需求发放相应贷款。对于符合政策导向、适应市场需求且具有竞争优势的农村集体经营性发展项目，应当实行优先信贷，适当提高授信额度、调整贷款利率，以满足其融资需求；对于基础薄弱的村集体经营或参股的发展项目，在信贷上可以适度降低贷款门槛、简化贷款手续、实行专项利率优惠或给予贴息贷款，以有效缓解农村集体经济贷款难的问题；提高对农村集体经济投资项目的小额贷款贴息力度，同时落实和完善集体小企业贷款风险补偿政策；其次，完善信贷担保体系，鼓励农村信用社、农村合作银行等各类担保机构到农村积极开展担保业务，并结合农村集体经济的发展实际创新担保方式，进一步放宽对农村集体贷款的诸多限制，扩大联户担保贷款的覆盖面，增加涉农信贷供给；最后，扩大村集体抵押担保物的范围，准许村集体用集体直接经营管理的山林、矿产和土地等自然资源的使用权来抵押担保，同时探索开展确权登记后的农村集体建设用地使用权、土地承包经营权、集体房产、集体林权、集体资产使用权、村级股权和无形资产等抵（质）押贷款业务，多层次、多方位地拓宽融资渠道，保证农村集体经济发展具有充实的物质基础，增强发展后劲。

3. 丰富和完善帮扶机制

由于农村集体经济在社会中仍处于相对弱势的地位，政府部门应当加大对农村集体经济的帮扶力度，采取部门帮扶、村企结对、城乡挂钩等方式，实行点对点帮扶，并逐步以点带面，着力缩小村与村之间的经济差距，进一步强化农村集体经济地位。譬如以项目资金为引擎、整合社会各界力量，聚集人才、技术和信息优势，帮助农村集体经济组织制定科学合理的发展规划，完善经营管理制度，加强人才队伍建设，同时引进新型农业经营主体等市场主体，进一步开拓市场；引导和鼓励发展集体经济强村带动邻近的弱村，在二者地理区位、自然环境、资源禀赋以及人文氛围相近的情况下，可以把强村的管理制度与组织架构推广到弱村，或将强村里发展势头较好的产业复制到弱村，通过扩大产业规模，进一步提升整体的经济效益；有条件的村镇也可以整合各村经济实体，实现抱团发展，通过优势互补，发挥规模集聚效应，以有效提高联合发展水平，拓展集体经济的发展空间。

另外，要建立健全长效机制，对其进行"输血"的同时注重增强其自身"造血"功能。为了提高政策的精准性与实效性，相关部门应当加强协调对接服务，重点围绕消除集体经济薄弱村制定相关发展规划，不断提升薄弱村的发展内生动力；在乡村振兴的新形势下拓展村级集体经济工业范围，避免盲目搞工业项目，拓展可持续性收入来源；重点盘活原有资源，根据本地的地理优势、统筹优势资源配置，调整与优化村级供给侧结构，加快产业转型和延伸配套产业链。这样，通过统筹推进农村各项改革，同时促进改革试点的有机衔接，切实加强我国农村改革的整体性、系统性与协同性。

二、加强集体经济的监督管理

科学合理的监督管理机制，是农村集体经济健康有序发展的强力保障。着眼当前农村经济社会的发展现状，结合农村集体经济产权制度的特点、集体成员经济活动及其利益诉求多元化等因素，决定了对农村集体经济组织经济活动的监督管理是尤为必要和迫切的。因此，在进一步深化农村集体经济改革的过程中，必须强化集体成员的监督意识，完善村级集体经济的监督管理机制。

1. 在集体经济组织内部建立健全责任监督机制

第一，重点强化对农村集体"三资"（资金、资源、资产）的动态管理。对资源性、公益性与经营性资产要及时清查与核实；同时为了更好地适应集体"三资"管理的新变化与新要求，应加快推进农村集体"三资"网络化管理平台建设，拓展和完善现有农村集体"三资"信息监管系统的功能，积极采用数字化、电算化、智能化的监管手段，对集体"三资"运行情况进行实时查询和实时监管，实现监管平台常态化、制度化、规范化运行，以确保村集体"三资"得到合理高效使用。第二，加强对村级集体经济组织的财产、人员和项目等方面的管理监督。在财产管理上，加大审计监督力度，严格财务运行监督，规范财务预算、财务决算以及财务分析等工作流程，对村级集体经济组织的财务活动实行全程化的民主监督，同时坚持财务公开透明，定期准确、全面、真实地公开村集体经济的财务信息，包括村集体财产使用、年度收支预决算方案以及村级集体财富积累的实际情况，确保财务公开形式的严谨性与规范性，随时接受群众监督；在人员管理上，灵活运用现代管理思维与管理手段，加强管理团队建设，规范集体成员的行为，实现其权利和义务的统一，加强对村集体人员的监督管理，如果存在为了个人利益，将上级的转移支付、集体土地资源或集体生产资料私有化的恶劣现象，立即予以严厉处罚和惩治；在项目管理上，依照相关制度规章，村集体从自身实际出发，充分发挥特色资源的优势，努力形成产业融合发展的良好局面，防止盲目跟风，在产业选择上脱离实际、照搬照抄，避免出现方向上的错误。

2. 建立公众监督与行政监督相结合的监督机制

第一，培育和增强民间监督力量，丰富和拓宽民间监督渠道，充分发挥基层群众性自治组织的民主管理与监督功能。由基层村委会（居委会）组织和主持召开村民代表大会，就村集体资产的使用、处置与增值方案广泛征求和听取村民意见，集思广益，力图把民主管理与民主监督贯穿到集体经济决策的各个环节，有效防止决策的片面化。第二，实行本地集体经济发展的工作季度报告，对有关的政策执行、工作内容、完成时段、效果反馈等方面登记入册，并由分管领导负责监察并审核，确保信息的真实性和全面性。通过全过程、全方位的监督，有利于实时掌握村级集体经济的经营管理进度，既压实了工作责任，提升了村级公信力，也提高了实践效率，避免因地方不作为导致村集体陷入软弱涣散的境地。

3. 建立农业、工商、民政、财政等多部门协同监管机制

加快设立专门的信息收集和管理部门，搭建"互联网＋"平台实现信息的实时公开与共享，使村民群众可以随时随地获取有关农村集体经济事务的最新资讯。通过加强对农村集体经济组织的外部监督，着力提高监督管理的实际效率和精准度，以实现各方利益相互制衡、相互监督、相互制约，为新时代农村集体经济的发展营造风清气正的外部环境。

三、营造良好的社会舆论氛围

实践表明，凡是集体经济发展较好的村庄，在发展过程中都实现了内部和谐与外部发展的统一。反之，在市场竞争越来越激烈的情况下，如果没有一个良好的发展氛围，农村集体经济很难做大做强。因此，我们必须采取多渠道、多途径和多形式加大宣传力度，持续营造积极的社会舆论氛围，提供更加宽松的外部环境，有力推动我国农村集体经济迈上新的台阶。

具体实践上：第一，通过组织开展党组织活动、政策宣讲以及新型农民培训等各种方式，按计划、有组织、分步骤地做好政策宣传与推广工作，确保党中央的重大战略决策真正落到实处；第二，利用广播、电视、报纸、网络、宣传条幅等各类型媒体媒介，广泛宣传农村集体产权制度改革与发展壮大农村集体经济的基本原则、发展目的、典型做法与综合效益，引导广大基层干部与农民群众正确认识到集体经济的积极作用，特别是对于促进村域经济发展、社会进步和人民生活质量提高的价值意义，从而提高广大基层干部与农民群众对农村集体经济的重视程度；第三，树立正确的舆论导向，弘扬互助合作、共同富裕的发展理念，切实提高广大农民群众对农村集体经济组织的认同感与信任度，使其更加坚定加入农村集体经济组织的信心与动力，同时明确个体在集体中的合法权利和应承担的相关义务；第四，大力表彰和奖励农村集体经济发展的先进集体和个人，并及时总结和推广成功经验。特别是对村级集体经济发展快、实力强且带动农民致富快的农村，应当树立典型，重点奖励，以充分调动基层干部和农民群众发展农村集体经济的主动性、积极性与创造性。

综上所述，要实现农村集体经济的长远稳健发展，必须从实际出发，坚持因地制宜，采取分类指导，促进多元发展，要求我们必须把握时代发展的特征与趋势，不断创新农村集体经济的组织形式，发展农村新型集体经济组织，努力建构多层次、多形式、多元化的经营服务体系，提高农业生产的集约化与产业化水平，力图实现更大的规模效益。通过更好地发挥集体经营"统"的应有功效，进而在实践中真正实现"统"与"分"的高效协调。

参 考 文 献

［1］习近平 . 摆脱贫困［M］. 福州：福建人民出版社，1992.

［2］习近平 . 之江新语［M］. 杭州：浙江人民出版社，2007.

［3］农业部 . 中国农村 40 年［M］. 郑州：中原农民出版社，1989.

［4］韩俊 . 中国经济改革 30 年农村经济卷［M］. 重庆：重庆大学出版社，2008.

［5］朱有志 . 中国新型农村集体经济研究［M］. 长沙：湖北人民出版社，2013.

［6］规划实施协调推进机制 . 乡村振兴战略规划实施报告 . 2018—2019 年［M］. 北京：中国农业出版社，2020.

［7］田纪云，等 . 中国农业现代化之路［M］. 北京：中共中央党校出版社，1995.

［8］王宏甲 . 塘约道路［M］. 北京：人民出版社，2017.

［9］潘名山 . 新型集体经济［M］. 上海：上海财经大学出版社，2010.

［10］王景新 . 村域集体经济：历史变迁与现实发展［M］. 北京：中国社会科学出版社，2013.

［11］金丽馥，石宏伟 . 当代中国"三农"理论与实践问题研究［M］. 南京：南京大学出版社，2010.

［12］罗静 . 中国农村集体经济发展困境及治理研究［M］. 成都：四川大学出版社，2014.

［13］崔红志，苑鹏，刘同山，等 . 创新体制机制发展壮大农村集体经济［M］. 北京：中国社会科学出版社，2018.

［14］蒋永穆.中国农村改革四十年回顾与经验［M］.成都：四川大学出版社，2018.

［15］国务院发展研究中心农村经济研究部.集体所有制下的产权重构［M］.北京：中国发展出版社，2015.

［16］郭淑敏.中国西部农村集体经济发展基础研究［M］.北京：中国农业科学技术出版社，2017.

［17］赵丽佳.改革开放40年湖北农村集体经济［M］.北京：中国社会科学出版社，2018.

［18］陈锡文，赵阳，陈剑波，等.中国农村制度变迁60年［M］.北京：人民出版社，2009.

［19］孔祥智，毛飞，等.中国农村改革之路［M］.北京：中国人民大学出版社，2014.

［20］宋洪远.大国根基：中国农村改革40年［M］.广州：广东经济出版社，2018.

［21］王元璋.马克思主义经济发展思想史［M］.乌鲁木齐：新疆人民出版社，2006.

［22］仝志辉，陈淑龙.改革开放40年来农村集体经济的变迁和未来发展［J］.中国农业大学学报（社会科学版），2018，35（6）：15－23.

［23］宋洪远.中国农村改革40年：回顾与思考［J］.南京农业大学学报（社会科学版），2018，18（3）：1－11，152.

［24］孔祥智，刘同山.论我国农村基本经营制度：历史、挑战与选择［J］.政治经济学评论，2013，4（4）：78－133.

［25］简新华.中国农地制度和经营方式创新研究——兼评中国土地私有化［J］.政治经济学评论，2016，7（4）：36－40.

［26］张旭，隋筱童.我国农村集体经济发展的理论逻辑、历史脉络与改革方向［J］.当代经济研究，2018（2）：26－36.

［27］龚云.新时代要高度重视发展农村集体经济［J］.马克思主义研究，2022，261（3）：18－26，155.

［28］朱有志，陈文胜.中国特色农业现代化新型农村集体经济发展

研究 [J]. 求索, 2010 (1): 12 - 14.

[29] Colin C. Williams. Entrepreneurship, the Informal Economy and Rural Communities [J]. *Journal of Enterprising Communities: People and Places in the Global Economy*, 2011 (2).

[30] Paul Allanson, Martin Whitby. *The Rural Economy and the British Countryside* [M]. Taylorand Francis, 2014.

[31] P. I. Otiman. Rural Develepment and Agriculture: Opotunities for Mitigating the Financial and Economic Crisis and Resuming Economic Growth [J]. *Lucrritiinifice*, 2009 (1).

[32] Mirko Andri, Bojana Vukovi. Performance Analysis of Agricultural Companies in Vojvodina [J]. *Strategic Management*, 2018 (2).

[33] Thomas Völker, Zora Kovacic, Roger Strand. Indicator Development Asasite of Collective Imagination? The Case of European Commission Policies on the Circular Economy [J]. *Culture and Organization*, 2020, 26 (2).